I0798737

LA GUÍA ROSE DE LAS EPÍSTOLAS

ROSE
ESPAÑOL

La Guía Rose de las Epístolas

Publicado por Rose Publishing Español
Un sello editorial de Tyndale House Ministries
Carol Stream, Illinois, EE. UU.
rose-publishing.com

ISBN 978-1-4964-8381-2

Originalmente publicado en inglés en el año 2022 como *Rose Guide to the Epistles* por Rose Publishing con ISBN 978-1-64938-022-7.

Autor colaborador: Aaron W. White, Ph. D.

Traducción al español: Mayra Urízar de Ramírez

Edición en español: José Ismael Ramírez Pérez

El capítulo 6 se ha tomado de *The Seven Churches of Revelation* (Las siete iglesias de Apocalipsis; Rose Publishing, 2015); el capítulo 7 se ha tomado de *Understanding the Book of Revelation* (Cómo entender el libro de Apocalipsis; Rose Publishing, 2009); «¿Por qué llegaron las Epístolas a formar parte del Nuevo Testamento?» se ha adaptado de *The Gospels: "Lost" & Found* (Los Evangelios: «Perdidos» y encontrados) por Timothy Paul Jones (Rose Publishing, 2007).

Impreso en Estados Unidos de América
Printed in the United States of America
March 2025, 1st Printing

CONTENIDO

CAPÍTULO 1

Las Epístolas: Una descripción breve

Los cristianos escribieron cartas a las iglesias desde los primeros días del cristianismo. Las congregaciones recién plantadas necesitaban saber más acerca de quién era Jesús, en especial porque los cuatro Evangelios, los cuales hablan acerca de la vida de Jesús, no se escribieron hasta la segunda mitad del primer siglo. Esas cartas fueron esenciales para instruir a la iglesia en cuanto a lo que significaba vivir la fe cristiana. Hoy en día se encuentran recopiladas y agrupadas en nuestra Biblia como las Epístolas del Nuevo Testamento.

La palabra *epístola* proviene de la palabra griega *epistolé,* que simplemente significa «mensaje, comisión o carta». Las Epístolas del Nuevo Testamento se enviaron a diversas y crecientes iglesias del mundo mediterráneo y se escribieron para tratar problemas específicos que las iglesias enfrentaban. Por lo que, cuando en la actualidad leemos esas Epístolas, literalmente leemos el correo destinado a otra persona.

Aunque se escribieron hace dos mil años, estas cartas tratan temas que siguen siendo cuestiones apremiantes para los creyentes de esta época: la diversidad de la iglesia, la vida santa, las doctrinas falsas, el liderazgo ministerial, la persecución y cómo tener esperanza en el regreso futuro de Cristo Jesús.

El género epistolar

La Biblia contiene muchos tipos distintos de escritos dentro de sus páginas. Parte de ella es poesía, como la letra musical de los Salmos. Algunos escritos son históricos, como las narraciones épicas de Moisés y el éxodo, y otros son literatura sapiencial, como los proverbios del sabio rey Salomón. Esas categorías se llaman *género.* Al igual que clasificaríamos la música en categorías de pop, *rock,* *jazz,* clásica o *country,* cada libro de la Biblia se puede clasificar según su respectivo género.

Veintiuno de los veintisiete libros del Nuevo Testamento encajan en el antiguo género de la epístola. No obstante, el género epistolar no es uniforme. De hecho, algunas fuentes antiguas enumeran entre veintiún y cuarenta y un tipos diferentes de epístolas. Aunque las Epístolas del Nuevo Testamento no siguen exactamente ninguno de estos tipos, el género puede adoptar varias formas y así lo hace en el Nuevo Testamento.

¿QUIÉN ESCRIBIÓ LAS EPÍSTOLAS?

Pablo

El apóstol Pablo se destaca entre todos los autores de las Epístolas. Sus escritos constituyen casi la mitad del Nuevo Testamento, lo que ha llevado a algunos historiadores a considerar a Pablo no solo como un gran escritor de las Escrituras, sino también como uno de los grandes escritores de cartas de la historia. Pablo escribió trece de las veintiuna Epístolas.

Pedro y Pablo por Guido Reni

La diversidad de roles que Pablo asume según el libro de los Hechos y sus Epístolas es bastante asombrosa. Lo vemos como pastor, plantador de iglesias, misionero, maestro y, en algunos casos, como una madre o un padre (ver, por ejemplo, 1 Corintios 4:17; Gálatas 4:19-20; 1 Tesalonicenses 2:7-8; 2 Tesalonicenses 2:15-16). El ministerio de Pablo fue rico en carácter y amplio en su alcance, lo cual tiene sentido si consideramos su filosofía ministerial de «con todos [tratar] de encontrar algo que [tuvieran] en común, y [hacer] todo lo posible para salvar a algunos» (1 Corintios 9:22).

Lo que sabemos de la vida de Pablo proviene de los escritos de Lucas, en particular, del libro de los Hechos, en el que encontramos la historia de la conversión de Pablo en el camino a Damasco (Hechos 9) y las extensas narraciones de sus viajes misioneros (Hechos 13–28). También disponemos de una ventana a la vida de Pablo cuando menciona detalles acerca de sí mismo en sus Epístolas, específicamente en Gálatas 1:11-24 y Filipenses 3:3-6, en los que explica su condición anterior de celoso perseguidor de los cristianos y alude a sus viajes emprendidos inmediatamente después de su conversión al cristianismo.

Pedro

Pedro fue uno de los doce discípulos iniciales de Jesús y testigo ocular del ministerio de Cristo. Llegó a ser el líder más importante de la iglesia primitiva, la cual crecía con rapidez (ver Hechos 2). La información acerca de la vida de Pedro proviene principalmente de los primeros cinco libros del Nuevo Testamento: Mateo, Marcos, Lucas, Juan y Hechos.

Escribió sus dos Epístolas consecutivas (1 y 2 Pedro) al final de su vida, unos treinta años después de Cristo. Se cree que, poco después de haber escrito esas cartas, sufrió el martirio en Roma, bajo la persecución del emperador Nerón contra los cristianos.

Juan

Al igual que Pedro, Juan fue uno de los doce discípulos iniciales y testigo ocular de Cristo. Juan fue un escritor prolífico, escribió el Evangelio que lleva su nombre, el libro de Apocalipsis y tres Epístolas. Si bien el Evangelio de Juan y Apocalipsis son extensos, las Epístolas de 1, 2 y 3 Juan se encuentran entre los libros más cortos de la Biblia.

Aunque Juan no aparece en el libro de los Hechos tanto como Pedro o Pablo, fue, sin embargo, un líder importante de la iglesia primitiva (ver Hechos 3–4). Lo que sabemos de la vida de Juan procede de los Evangelios, de Hechos, de sus cartas y de los escritos de otros líderes de la iglesia primitiva como Ireneo y Policarpo. Se cree que Juan vivió más tiempo que cualquiera del resto de los doce apóstoles; escribió sus libros al final de su vida. Según la tradición, Juan murió de causas naturales en Éfeso, hacia el final del primer siglo.

Otros escritores

- Se cree que dos de las Epístolas las escribieron dos de los hermanos de Jesús, Santiago y Judas.
- En cuatro de las Epístolas de Pablo, él identifica a Timoteo, su compañero de viaje misionero, como remitente de la carta junto con él y, posiblemente, coautor de las mismas, ya que Pablo, en ocasiones, escribe en primera persona del plural en lugar del singular en esas cartas (Filipenses 1:1; Colosenses 1:1; 1 Tesalonicenses 1:1; 2 Tesalonicenses 1:1).
- Hebreos sobresale como la única carta completamente anónima. Se han propuesto varias teorías en cuanto a su autoría (Pablo, Apolos o Priscila), pero no hay suficientes pistas en la carta para determinar con certeza quién fue su autor.

Secretarios

Conforme a la conocida práctica grecorromana de emplear a un secretario para escribir, también llamado *amanuense*, los autores del Nuevo Testamento a menudo recurrieron a los servicios de algunas personas para que redactaran sus Epístolas. Pablo es quien es más conocido por emplear un secretario. Al final de la carta a los romanos, Tercio se identifica como el secretario de la carta: «Yo, Tercio, quien escribo esta carta de parte de Pablo, también les envío mis saludos como uno de los seguidores del Señor» (Romanos 16:22). En ocasiones, Pablo añadía su autógrafo: «Este es mi saludo de puño y letra: Pablo» (1 Corintios 16:21; Colosenses 4:18; 2 Tesalonicenses 3:17; Filemón 1:19). La libertad que Pablo le daba a su secretario es objeto de debate, pero la forma común en que trabajaba el secretario implicaba un grado de libertad creativa. Los secretarios tomaban notas de un dictado y, en ocasiones, las editaban; en otras circunstancias, a los secretarios simplemente se les daban instrucciones para que escribieran acerca de ciertos temas. Esa libertad puede ser una razón por la que Pablo parece expresarse de diversas maneras a lo largo de su carrera como escritor de cartas.

También se sabe que Pedro tuvo un secretario (1 Pedro 5:12) y, de alguna manera, Marcos fue el secretario de Pedro cuando escribió el Evangelio de Marcos. El apóstol Juan le dijo a Papías, padre de la iglesia primitiva, que Marcos recibió de Pedro anécdotas de la vida de Jesús y las editó en un orden coherente.

Juan le dicta el libro de Apocalipsis a su secretario (Cueva del Apocalipsis, Patmos)

¿CÓMO SE HAN ORGANIZADO LAS EPÍSTOLAS?

La mayoría de las tradiciones eclesiásticas han organizado las Epístolas del Nuevo Testamento en tres grupos básicos. Abra su Biblia y, justo después del libro de los Hechos, encontrará las Epístolas que Pablo escribió a varias iglesias, después las Epístolas de Pablo a personas, y luego vienen las que se llaman Epístolas Generales, que son todas las Epístolas que Pablo *no* escribió. Las Epístolas de esas categorías se ordenaron, más o menos, por tamaño, las cartas más extensas primero y las más cortas cerca del final.

Las Epístolas de Pablo a iglesias

Esta primera categoría incluye las primeras nueve Epístolas del Nuevo Testamento. Esas cartas se escribieron a dichas iglesias por razones específicas. Las cartas llevan el nombre de las congregaciones que las recibieron, e incluyen la carta de Pablo a los romanos, sus cartas a los corintios, gálatas, efesios, filipenses, colosenses y las dos cartas a los tesalonicenses. Romanos y 1 Corintios son las Epístolas más extensas de Pablo.

Epístolas de Pablo a personas

La segunda categoría incluye las cuatro cartas de Pablo dirigidas a personas en particular. Entre ellas están la primera y la segunda carta de Pablo a Timoteo, su discípulo y joven pastor; su carta a Tito, también pastor; y su carta a un líder de la iglesia llamado Filemón. Al igual que las Epístolas dirigidas a congregaciones eclesiásticas enteras, las cartas de Pablo a personas parecen tener carácter público, porque circularon entre varias iglesias. Las dos cartas a Timoteo y la carta a Tito a menudo se agrupan y se llaman las Epístolas pastorales, ya que en ellas Pablo escribe consejos para los pastores.

LAS EPÍSTOLAS DESDE LA PRISIÓN

Las Epístolas de Efesios, Filipenses, Colosenses y Filemón se llaman colectivamente las Epístolas desde la prisión. Pablo escribió esas cuatro cartas alrededor de los años 60–62 d. C. desde la prisión, o, más exactamente, cuando estaba bajo arresto domiciliario, a la espera del juicio (Hechos 28:16, 30).

Epístolas generales

Las Epístolas generales incluyen las últimas ocho cartas del Nuevo Testamento. Son las siguientes: Hebreos, escrita por un autor anónimo; la siguen Santiago; 1 y 2 Pedro; 1, 2 y 3 Juan y Judas, cada una con el nombre de su autor. Hebreos es la Epístola más extensa y 3 Juan la más corta, aunque Judas también es una carta bastante breve.

Apocalipsis

Apocalipsis se destaca como el libro más singular del Nuevo Testamento. No es un Evangelio, como Mateo, Marcos, Lucas o Juan, ni encaja en el patrón de las Epístolas. Sin embargo, comienza como una epístola: «Yo, Juan, les escribo esta carta a las siete iglesias que están en la provincia de Asia» (Apocalipsis 1:4). Los primeros tres capítulos contienen siete cartas cortas a siete iglesias de Asia Menor (la actual Turquía). El libro de Apocalipsis, sin embargo, está escrito como literatura apocalíptica. En ese tipo de escritura de la Biblia, los planes secretos de Dios se revelan a través de visiones, símbolos e imágenes.

EPÍSTOLAS DE PABLO A IGLESIAS	EPÍSTOLAS DE PABLO A PERSONAS	EPÍSTOLAS GENERALES
Romanos	1 Timoteo	Hebreos
1 Corintios	2 Timoteo	Santiago
2 Corintios	Tito	1 Pedro
Gálatas	Filemón	2 Pedro
Efesios		1 Juan
Filipenses		2 Juan
Colosenses		3 Juan
1 Tesalonicenses		Judas
2 Tesalonicenses		

¿QUÉ CONTIENE UNA EPÍSTOLA?

Al igual que hoy en día existen ciertas expectativas en cuanto a cómo debemos escribir una carta formal o un correo electrónico, en el primer siglo había expectativas generales en cuanto a cómo se debía escribir una epístola. Las Epístolas del Nuevo Testamento tienen una estructura básica de seis componentes, aunque siempre hay excepciones a la regla.

1. En primer lugar, el autor se identifica

De hecho, la primera palabra en todas las cartas de Pablo es su nombre. De igual manera, Santiago, Judas y Pedro se identifican desde el inicio en sus Epístolas. Juan, quien tiene la tendencia a salirse de lo convencional, no se identifica a sí mismo en su primera Epístola y se llama a sí mismo «el anciano» en sus otras dos Epístolas (2 Juan 1:1; 3 Juan 1:1). Hebreos es otra excepción a esta regla, el escritor omite por completo esta parte de una Epístola.

LAS SEIS PARTES DE UNA EPÍSTOLA

1. Autor
2. Destinatario
3. Saludo
4. Cuerpo
5. Aplicación
6. Saludos finales

Junto con el nombre del autor, a veces encontramos una afirmación de autoridad que le daba el derecho de enviar dicha correspondencia. Pablo tiende a ser creativo en su acreditación, al llamarse a sí mismo «prisionero [...] de Cristo» (Filemón 1:1) y «apóstol [...] nombrado [...] por Jesucristo mismo y por Dios Padre» (Gálatas 1:1). De manera similar, Pedro comienza su primera carta llamándose a sí mismo «apóstol de Jesucristo» (1 Pedro 1:1).

2. Después, el autor identifica a quién le escribe

Pablo escribe con frecuencia a los creyentes de una ciudad en particular, como en su carta a los colosenses: «A los [...] que conforman el pueblo santo de Dios en la ciudad de Colosas» (Colosenses 1:2). Sin embargo, en otros casos, la carta se dirige a varias iglesias de una región, por ejemplo, «a las iglesias de Galacia» (Gálatas 1:2). Esas eran circulares y estaban destinadas a recorrer el circuito, por así decirlo, para que se leyeran a múltiples congregaciones. La Epístola más corta de Pablo es una súplica personal dirigida específicamente en primera instancia «a Filemón nuestro amado colaborador», y luego «a nuestra hermana Apia, a Arquipo, nuestro compañero en la lucha», quienes posiblemente eran miembros de la casa de Filemón (Filemón 1:1-2). Es interesante que Santiago dirija su carta «a las doce tribus [...] que están dispersas por el mundo»; es probable que sea una alusión a los cristianos judíos que vivían fuera de Israel (Santiago 1:1).

3. A continuación, el autor saluda

El saludo puede ser bastante general, pero teológicamente rico, como vemos en Gálatas:

> Que Dios Padre y nuestro Señor Jesucristo les concedan gracia y paz. Tal como Dios nuestro Padre lo planeó, Jesús entregó su vida por nuestros pecados para rescatarnos de este mundo de maldad en el que vivimos. ¡A Dios sea toda la gloria por siempre y para siempre! Amén.
>
> GÁLATAS 1:3-5

Puede ser una sola palabra o frase, como se ve en Santiago:

> «¡Reciban mis saludos!».
>
> SANTIAGO 1:1

Sin embargo, también puede ser profundamente personal y extenso, como la forma en que Pablo comienza 2 Corintios:

> Toda la alabanza sea para Dios, el Padre de nuestro Señor Jesucristo. Dios es nuestro Padre misericordioso y la fuente de todo consuelo. Él nos consuela en todas nuestras dificultades para que nosotros podamos consolar a otros. Cuando otros pasen por dificultades, podremos ofrecerles el mismo consuelo

> que Dios nos ha dado a nosotros. Pues, cuanto más sufrimos por Cristo, tanto más Dios nos colmará de su consuelo por medio de Cristo. Aun cuando estamos abrumados por dificultades, ¡es para el consuelo y la salvación de ustedes! Pues, cuando nosotros somos consolados, ciertamente los consolaremos a ustedes. Entonces podrán soportar con paciencia los mismos sufrimientos que nosotros. Tenemos la plena confianza de que, al participar ustedes de nuestros sufrimientos, también tendrán parte del consuelo que Dios nos da.
>
> 2 CORINTIOS 1:3-7

Hebreos vuelve a romper el patrón y, en esta parte, carece de saludo.

4. A continuación, el autor se embarca en el cuerpo de la carta.

En esta sección principal de la carta, el autor puede comenzar solo con abordar de modo directo la razón, o la ocasión, lo cual lo motivó a escribir la carta. Eso es lo que Pablo hace en su carta a los gálatas:

> Estoy horrorizado de que ustedes estén apartándose tan pronto de Dios, quien los llamó a sí mismo.
>
> GÁLATAS 1:6

Sin embargo, en muchas cartas hay acción de gracias, como en 1 Corintios 1:4-9, o un hermoso primer capítulo, como en Efesios, acerca del hecho de que el Señor nos elige y bendice.

5. Luego, el autor aplica su enseñanza

Aquí, el autor da una guía práctica a sus lectores en cuanto a cómo vivir a la luz de las enseñanzas. Tenemos uno de los mejores ejemplos de eso en la Epístola de Santiago, en la que le dice a su audiencia que la fe sin obras es una fe muerta (capítulos 1–2), luego instruye a sus lectores, de maneras muy específicas, para que demuestren su fe con sus acciones (capítulos 3–5).

6. Por último, el autor da sus saludos finales

En la conclusión de una epístola, podemos encontrar exhortaciones, una bendición o una lista de personas que el autor quiere mencionar por su contribución especial al ministerio. Al final de Romanos, por ejemplo, Pablo menciona a más de veinticinco personas y los papeles que desempeñaban en su ministerio (Romanos 16:1-16).

¿CUÁNDO SE ESCRIBIERON LAS EPÍSTOLAS?

Las cartas del Nuevo Testamento aparecen ya a finales de los años 40 d. C., unas dos décadas después de Jesús, y se extienden hasta el cierre del primer siglo. Una porción importante de las cartas aparece en los años 60 d. C., la que incluye muchas de las cartas de Pablo, las dos cartas de Pedro y es posible que Hebreos. Las cartas del Nuevo Testamento son nuestros primeros testigos del avance del evangelio en la iglesia primitiva.

Las Epístolas se fechan según marcadores históricos que se encuentran en ellas: nombres, lugares e información acerca de los autores. En ocasiones, podemos corroborar lo que se dice en las Epístolas con la narración del libro de los Hechos, como es el caso de los viajes y encarcelamientos de Pablo. Por ejemplo, en la historia de Hechos 18, podemos ubicar a Priscila y Aquila, quienes se mencionan en las Epístolas de Pablo (Romanos 16:3; 2 Timoteo 4:19; 1 Corintios 16:19).

Los nombres y lugares que se mencionan en las Epístolas pueden abrirnos una ventana a la historia que está detrás de las cartas. Eso nos recuerda que el cristianismo es una fe histórica y que muchos testigos que vivieron su fe y ministraron en la iglesia pueden confirmarlo, al igual que lo hacen los cristianos hoy en día.

Iglesia en Protaras, Chipre

LIBRO	AUTOR	FECHA	AUDIENCIA
ROMANOS	Pablo	57 d. C.	Iglesia de Roma
1 CORINTIOS	Pablo	55–56 d. C.	Iglesia de Corinto
2 CORINTIOS	Pablo	56 d. C.	Iglesia de Corinto
GÁLATAS	Pablo	49 d. C.	Iglesias de Galacia
EFESIOS	Pablo	60–62 d. C.	Iglesia de Éfeso
FILIPENSES	Pablo	60–62 d. C.	Iglesia de Filipos
COLOSENSES	Pablo, con Timoteo	60–62 d. C.	Iglesia de Colosas
1 TESALONICENSES	Pablo, con Silas y Timoteo	50–51 d. C.	Iglesia de Tesalónica
2 TESALONICENSES	Pablo, con Silas y Timoteo	50–51 d. C.	Iglesia de Tesalónica
1 TIMOTEO	Pablo	62–66 d. C.	Timoteo
2 TIMOTEO	Pablo	66–67 d. C.	Timoteo

Las fechas que se muestran ofrecen un marco de tiempo aproximado en el que se escribió el libro.

DESTINO	TEMAS	DESTACABLE
Roma	La culpa universal La justificación por la fe La vida piadosa	La carta de Pablo con más contenido teológico
Corinto	La resurrección La vida cristiana práctica	Junto con Romanos, una de las cartas más largas de Pablo
Corinto	El sufrimiento El nuevo pacto Arrepentimiento y juicio	La carta de Pablo más personal y emotiva
Galacia	Un evangelio La justificación por la fe La adopción	Posiblemente la primera Epístola de Pablo
Éfeso	La adopción Vidas nuevas en Cristo La unidad	Similar a Romanos en estructura y tema, pero más corta y más parecida a un resumen
Filipos	Colaboración Humildad Regocijo	La iglesia de Filipos fue la primera iglesia que Pablo fundó en Europa.
Colosas	La supremacía de Cristo Vivos en Cristo Una mentalidad nueva	También tiene el propósito de que se lea en la iglesia cercana de Laodicea
Tesalónica	Aliento La resurrección La segunda venida de Cristo	Anteriormente, una turba había obligado a Pablo y Silas a abandonar Tesalónica.
Tesalónica	La segunda venida de Cristo Diligencia	Escrita unos seis meses después de 1 Tesalonicenses
Éfeso	Falsas enseñanzas El liderazgo de la Iglesia La vida piadosa	En sus Epístolas, Pablo menciona a Timoteo más que a cualquiera de sus otros colaboradores.
Éfeso	Fidelidad La Palabra de Dios	La última Epístola de Pablo

Continúa en la página siguiente

LIBRO	AUTOR	FECHA	AUDIENCIA
TITO	Pablo	64–66 d. C.	Tito
FILEMÓN	Pablo, con Timoteo	60–62 d. C.	Filemón
HEBREOS	Desconocido	60–69 d. C.	Posiblemente cristianos judíos
SANTIAGO	Santiago	49 d. C.	Los cristianos judíos que vivían fuera de Israel
1 PEDRO	Pedro, con Silas	64 d. C.	«Los elegidos por Dios que viven como extranjeros» (v. 1)
2 PEDRO	Pedro	64 d. C.	«Ustedes, que gozan de la misma preciosa fe» (v. 1)
1 JUAN	Juan	85–95 d. C.	Posiblemente las mismas siete iglesias de Apocalipsis
2 JUAN	Juan	85–95 d. C.	«La señora elegida y a sus hijos» (v. 1)
3 JUAN	Juan	85–95 d. C.	Gayo
JUDAS	Judas	Años 60–80 d. C.	«Todos los que han sido llamados» (v. 1)
APOCALIPSIS	Juan	Años 90 d. C.	Siete iglesias del Asia Menor

DESTINO	TEMAS	DESTACABLE
Creta	Los ancianos de la Iglesia La enseñanza La sana doctrina Las buenas obras	Tito y 1 y 2 Timoteo son las tres Epístolas pastorales de Pablo.
Colosas	La reconciliación en Cristo	La Epístola más corta de Pablo; probablemente se envió junto con Colosenses
Se desconoce	La superioridad de Cristo La perseverancia	Redactada más como un sermón que como una carta
Se desconoce	La fe y las obras Las pruebas de la fe	Posiblemente la más antigua de las Epístolas
Ponto, Galacia, Capadocia, Asia Menor, Bitinia	La santidad El sufrimiento	Escrita a regiones que se encuentran en la actual Turquía
Posiblemente Asia Menor	El llamado a los creyentes Los falsos maestros El regreso de Cristo	Escrita poco antes de que Pedro sufriera el martirio en Roma
Posiblemente Asia Menor	La relación con Dios Amar la encarnación de Cristo	La Epístola menos estructurada, con muchos temas mezclados a lo largo de la Epístola
Posiblemente Asia Menor	El amor La verdad	La «señora» puede ser una metáfora de «la iglesia».
Posiblemente Asia Menor	La hospitalidad Las buenas obras	La Epístola más corta y el libro más corto de la Biblia
Se desconoce	El juicio de los falsos maestros Luchar por la fe	Dos de los hermanos de Jesús, Santiago y Judas, escribieron Epístolas.
Éfeso, Esmirna, Pérgamo, Tiatira, Sardis, Filadelfia, Laodicea	La victoria La esperanza	Juan recibió esa revelación cuando estaba desterrado en la isla de Patmos.

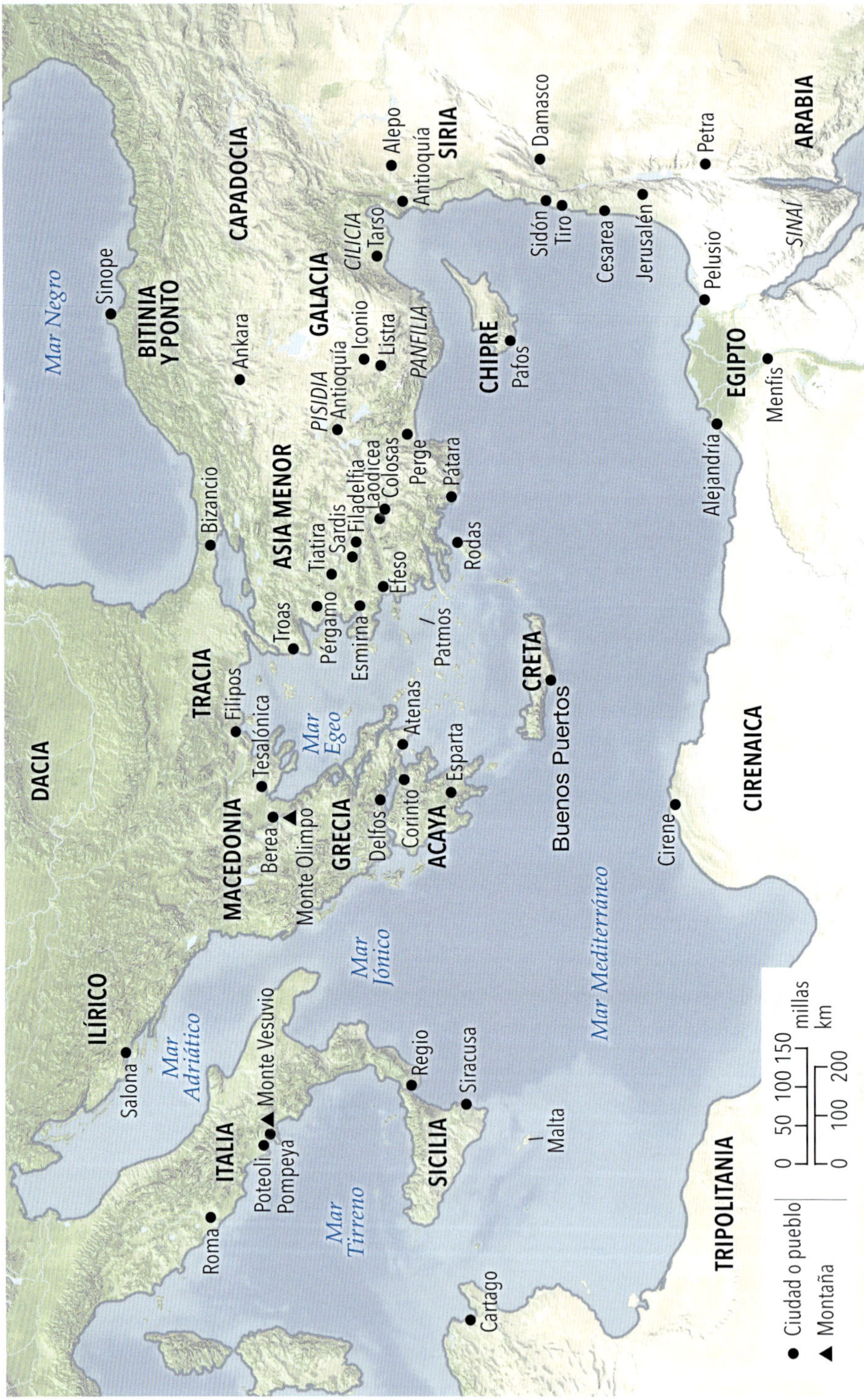
Mar Negro
Sinope
BITINIA Y PONTO
Ankara
CAPADOCIA
DACIA
TRACIA
Bizancio
Filipos
Tesalónica
MACEDONIA
Berea
Monte Olimpo
Mar Egeo
Troas
Pérgamo
Tiatira
Sardis
Filadelfia
Esmirna
Efeso
Laodicea
Colosas
ASIA MENOR
PISIDIA
Antioquía
GALACIA
Iconio
Listra
CILICIA
Tarso
PANFILIA
Perge
Pátara
Rodas
Patmos
Alepo
Antioquía
SIRIA
Damasco
Sidón
Tiro
Cesarea
Jerusalén
Petra
ARABIA
SINAÍ
Pelusio
CHIPRE
Pafos
EGIPTO
Menfis
Alejandría
CRETA
Buenos Puertos
GRECIA
Delfos
Corinto
Atenas
Esparta
ACAYA
CIRENAICA
Cirene
Mar Mediterráneo
ILÍRICO
Salona
Mar Adriático
Mar Jónico
ITALIA
Roma
Poteoli
Pompeya
Monte Vesuvio
Mar Tirreno
Regio
Siracusa
SICILIA
Malta
Cartago
TRIPOLITANIA
Ciudad o pueblo
Montaña
0 50 100 150 millas
0 100 200 km

¿CÓMO ERA EL MUNDO DE LAS EPÍSTOLAS?

Los escritores y los lectores de las Epístolas fueron personas que vivían en un contexto en el que se manifestaban tres culturas principales: judía, griega y romana.

La vida judía

La vida judía se vivía en dos lugares geográficos generales: en la tierra de Israel y en la Diáspora, o Dispersión, que era cualquier lugar fuera de Israel. La familia judía que vivía en la Diáspora residía entre gentiles en ciudades paganas, lo cual significaba una cultura intensamente griega. Los judíos de la Diáspora no podían vivir únicamente vidas judías, religiosa o culturalmente, ya que la sociedad insistía en que se ajustaran a una forma gentil de practicar el comercio, la religión y la política. La familia judía que vivía en la tierra de Israel tenía menos posibilidades de enfrentar la presión de la cultura griega, ya que los judíos eran la mayoría. Tenían la libertad de hablar en hebreo o arameo, a diferencia de sus hermanas y hermanos de la Diáspora, a quienes probablemente se les exigía que hablaran griego.

No se puede trazar una línea divisoria estricta entre estos dos contextos, ya que la cultura griega también influyó en el idioma y el pensamiento de la tierra de Israel, como podemos ver en algunas de las traducciones griegas de las Escrituras hebreas. De igual manera, observamos que algunos gentiles de la Diáspora se convirtieron al judaísmo. Eran llamados temerosos de Dios o prosélitos (ver, por ejemplo, Hechos 10:2, 22). Eso indica que esas dos culturas se mezclaban y se influían mutuamente. Aunque los judíos del primer siglo eran demasiado diversos para reducirlos a características simples, seguían teniendo un compromiso claro con la herencia de los patriarcas, las Sagradas Escrituras, la comunidad, la vida familiar y las reuniones para adorar.

La cultura griega

La mayoría de las Epístolas del Nuevo Testamento se escribieron a creyentes que vivían en la Diáspora, donde la cultura, en gran parte, era griega. Esa es la parte «greco» del mundo grecorromano del primer siglo.

La influencia griega, o lo que llamaríamos helenización, se puede ver tanto en el lenguaje como en la vida cotidiana. Desde que Alejandro Magno, en el cuarto siglo a. C., había dominado los territorios desde Grecia y Egipto hasta las fronteras actuales de China, el mundo del Nuevo Testamento en el primer siglo d. C. estaba por completo helenizado. En cada uno de los territorios que conquistó Alejandro, todo, desde el comercio hasta la medicina, desde la literatura hasta la religión, desde la filosofía hasta la moda, estaba bajo la influencia del estilo de vida griego. Mucho después de la muerte de Alejandro, la cultura griega se mantuvo en todo el mundo, incluso bajo el dominio romano.

El griego llegó a ser el idioma del comercio, por lo que, en el primer siglo, adoptó una forma básica llamada griego koiné, o griego «común». Al igual que el inglés se usa en muchas partes del mundo hoy en día, si uno quería hacer negocios o comunicarse en los tiempos del Nuevo Testamento, usaba el griego. Las Epístolas del Nuevo Testamento se escribieron en griego koiné.

El Imperio romano

El Imperio romano gobernaba el mundo del Nuevo Testamento por medio de un sistema de gobernadores y reyes. Roma estableció su dominio sobre el mundo mediterráneo por medio de lo que llamó la «paz romana» o *Pax Romana*. La paz romana, la cual estaba estrechamente ligada a César Augusto, garantizaba a las provincias bajo dominio romano cierto nivel de estabilidad y privilegio. También proporcionaba la ciudadanía a algunas personas, siempre y cuando no le ocasionaran ningún problema al gobierno romano. (La ciudadanía romana de Pablo fue especialmente importante para él, ya que le permitió librarse de la prisión y apelar directamente al César; Hechos 16:38; 22:25-27).

Los romanos continuaron con la cultura helenística de los gobernantes anteriores, pero le agregaron su propio arreglo. Esperaban que se pagara

Altar de la Paz de Augusto en Roma

un tributo al César en cada provincia y, lo que era más difícil para los primeros cristianos, la paz romana requería el culto al emperador. Originalmente, la paz romana se basaba en un culto relacionado con una diosa llamada *Pax* («Paz») y su templo *Ara Pacis Augustae* o «Altar de la Paz de Augusto». Si bien existían otros cultos, el emperador Augusto promovió el culto a *Pax* a estatus oficial, por lo que dio lugar a un culto al emperador en toda regla. Eso incluía estatuas públicas del César para recordarles a las provincias los ideales romanos y las pretensiones divinas del César. Curiosamente, la *paz* con frecuencia se destaca en las cartas de Pablo con una clara asociación con Dios, algo que se habría entendido como un desafío al gobierno divino del César (Romanos 15:33; 16:20; 1 Corintios 14:33; 2 Corintios 13:11; Filipenses 4:9).

¿POR QUÉ LLEGARON LAS EPÍSTOLAS A FORMAR PARTE DEL NUEVO TESTAMENTO?

Incluso mientras se escribían los libros del Nuevo Testamento, las palabras de las personas que habían visto y seguido al Señor resucitado, específicamente, las palabras y los escritos de los apóstoles, tenían un peso de autoridad especial en las iglesias (ver, por ejemplo, Hechos 1:21-26; 15:6–16:5; 1 Corintios 4–5; 9:1-12; Gálatas 1:1-12; 1 Tesalonicenses 5:26-27).

> Quiero que recuerden lo que los santos profetas dijeron hace mucho y lo que nuestro Señor y Salvador ordenó por medio de los apóstoles.
>
> 2 PEDRO 3:2

> Pero ustedes, mis queridos amigos, deben recordar lo que predijeron los apóstoles de nuestro Señor Jesucristo.
>
> JUDAS 1:17

Todavía mucho después de la muerte de los apóstoles, los cristianos continuaron apreciando el testimonio de esos testigos oculares y de sus colaboradores cercanos.

Para que un escrito fuera reconocido como autoritativo en las iglesias de todo el mundo cristiano, el escrito tenía que estar relacionado con un testigo ocular del Señor resucitado y no contradecir otros escritos aceptados acerca de Jesús. Pablo fue testigo ocular del Señor resucitado y llegó a ser apóstol

(Hechos 26:16; 1 Corintios 9:1; 15:8-10). Otros autores de las Epístolas, como Juan, Pedro y Santiago, estuvieron presentes con Jesús durante su ministerio terrenal y fueron reconocidos como apóstoles. Los primeros cristianos no aceptaron como autoritativos los escritos que no podían cumplir con ese criterio. Por ejemplo, dos textos que comenzaron a circular entre los cristianos fueron el *Evangelio de Pedro* y el *Apocalipsis de Pedro.* Inicialmente esos escritos se reconocieron, pero los líderes de la iglesia los cuestionaban y, finalmente, los rechazaron. No los aceptaron porque ambos textos se escribieron en el segundo siglo, mucho después de la muerte del apóstol Pedro, además, algunos pasajes del *Evangelio de Pedro* podrían considerarse como una insinuación de que Jesús no era completamente humano, una enseñanza que contradecía otros libros aceptados del Nuevo Testamento.

Aunque los debates en cuanto a unos pocos escritos continuaron hasta el cuarto siglo, los cristianos estuvieron universalmente de acuerdo, al menos desde el segundo siglo, en cuanto a la autoridad de diecinueve libros del Nuevo Testamento. Los cristianos aceptaron unánimemente los cuatro Evangelios, Hechos, las cartas de Pablo y 1 Juan. Otros libros del Nuevo Testamento, al igual que algunas de las Epístolas generales, llegaron a ser indiscutibles y los aceptaron oficialmente más adelante en los primeros siglos.

Primeras listas de los escritos cristianos autoritativos

FRAGMENTO DE MURATORI	CÓDICE CLAROMONTANO	HISTORIA ECLESIÁSTICA DE EUSEBIO	CARTA DE ATANASIO
Mediados del segundo siglo	Finales del tercer siglo	Principios del cuarto siglo	367 d. C.
El *Apocalipsis de Pedro* fue reconocido pero cuestionado. Hebreos, Santiago y las cartas de Pedro no se mencionan.	El *Apocalipsis de Pedro* y varios otros textos se reconocieron, pero se cuestionaron. Es posible que Hebreos hubiera estado en la lista de libros cuestionados.	Santiago, Judas, 2 Pedro, 2 y 3 Juan se reconocieron, pero se cuestionaron. El *Apocalipsis de Pedro*, el *Evangelio de Pedro* y otros textos se rechazaron. Es posible que Apocalipsis se haya incluido en la lista de libros cuestionados.	Los 27 libros del Nuevo Testamento se aceptaron. No se reconocieron ni aceptaron otros textos.

FRAGMENTO DE MURATORI	CÓDICE CLAROMONTANO	HISTORIA ECLESIÁSTICA DE EUSEBIO	CARTA DE ATANASIO
Libros aceptados:	**Libros aceptados:**	**Libros aceptados:**	**Libros aceptados:**
Mateo	Mateo	Mateo	Mateo
Marcos	Marcos	Marcos	Marcos
Lucas	Lucas	Lucas	Lucas
Juan	Juan	Juan	Juan
Hechos	Hechos	Hechos	Hechos
Romanos	Romanos	Romanos	Romanos
1 y 2 Corintios	1 y 2 Corintios	1 y 2 Corintios	1 y 2 Corintios
Gálatas	Gálatas	Gálatas	Gálatas
Efesios	Efesios	Efesios	Efesios
Filipenses	Filipenses	Filipenses	Filipenses
Colosenses	Colosenses	Colosenses	Colosenses
1 y 2 Tesalonicenses	1 y 2 Tesalonicenses	1 y 2 Tesalonicenses	1 y 2 Tesalonicenses
1 y 2 Timoteo	1 y 2 Timoteo	1 y 2 Timoteo	1 y 2 Timoteo
Tito	Tito	Tito	Tito
Filemón	Filemón	Filemón	Filemón
1 Juan	Hebreos	Hebreos	Hebreos
2 o 3 Juan (o ambas cartas, consideradas como una)	Santiago	1 Pedro	Santiago
Judas	1 y 2 Pedro	1 Juan	1 y 2 Pedro
Apocalipsis	1, 2, y 3 Juan	Apocalipsis	1, 2 y 3 Juan
	Judas		Judas
	Apocalipsis		Apocalipsis

¿CÓMO DEBEMOS ESTUDIAR UNA EPÍSTOLA?

Así como no se puede leer una novela de la misma manera que se lee un boletín informativo, debemos abordar las Epístolas de una manera diferente a los otros géneros de la Biblia. A continuación se dan algunos consejos en cuanto a cómo estudiar una Epístola.

1. Identifique el género

El primer paso para estudiar cualquier libro de la Biblia es determinar qué tipo de escrito es: una narración, un libro de profecía o poesía o, en el caso que nos ocupa, una Epístola. También resulta útil saber qué tipo de epístola es. Algunas Epístolas se escribieron para una audiencia pública o una iglesia, en tanto que otras eran más privadas e iban dirigidas a una persona.

2. Determine la ocasión

El paso más crucial para interpretar una Epístola es saber que se escribió para una ocasión específica, incluso cuando el tema es, en general, acerca de la fe. En ese sentido, las Epístolas son *ocasionales*. Eso significa que los escritores, inspirados por el Espíritu Santo, escribieron a una iglesia, iglesias o a una persona dentro de un contexto específico, con preocupaciones específicas, por lo que la carta trata todos esos asuntos. Pregúntese: «¿Por qué se escribe esta carta?». Esa pregunta llega al meollo de la ocasión de la carta. Puede ser que los destinatarios necesiten que se les desafíe, aliente, recuerde, enseñe o corrija, o todo lo anterior.

El hecho de que las Epístolas sean ocasionales quiere decir que, cuando leemos esas cartas dos mil años después, no podemos aplicar lo que la carta dice directamente a nuestras circunstancias actuales, sin antes preguntar qué significó para los destinatarios de la carta. Después de preguntar acerca del propósito y el significado de la carta a la audiencia original, a través de un estudio cuidadoso, podemos comenzar a aplicar el contenido de la carta a nosotros mismos y a nuestras iglesias hoy en día.

3. Observe el contexto

Observar el contexto podría significar preguntar quién es el autor de la carta y llegar a saber más acerca de sus credenciales, lo que muchos escritores declaran en las primeras líneas de una epístola. Además, descubrir cuál podría ser la relación del autor con los destinatarios puede desvelar un significado importante. Por ejemplo, algunas de las cartas de Pablo parecen intensamente personales, como su correspondencia con la iglesia de Corinto o con Timoteo, en tanto que otras tienen una relación más distante, como su carta a los colosenses, en la que Pablo menciona que él simplemente había «oído de su fe» (Colosenses 1:4).

Además, es posible que queramos averiguar quiénes eran los destinatarios, más allá del nombre de la persona o la ubicación de la iglesia, al buscar pistas en la carta. Por ejemplo, Pedro escribió su primera Epístola a los cristianos que se enfrentaban a una intensa persecución, como se evidencia cuando afirma: «Queridos amigos, no se sorprendan de las pruebas de fuego por las que están atravesando» (1 Pedro 4:12) y «después de que hayan sufrido un poco de tiempo, [Dios] los restaurará, los sostendrá» (1 Pedro 5:10).

4. Busque los temas y las palabras clave y la estructura

Saber *qué* hay en una Epístola nos ayuda a descubrir *por qué* se escribió la Epístola. Puede ser útil identificar palabras o frases repetidas, al prestar atención a lo que se enfatiza. Quizás los lectores también quieran bosquejar la estructura de la Epístola para entender la lógica y el flujo del mensaje. Eso se puede hacer con mucha facilidad con una Epístola estructurada como Colosenses, pero resulta más difícil con una carta que fluye libremente como 3 Juan.

5. Compárela con otras Epístolas

Es posible que los lectores quieran ir un paso más allá y comparar los temas y palabras clave de una carta con otra. Por ejemplo, algunos han encontrado paralelos entre Romanos y Efesios, al observar que Efesios se percibe mucho como una versión resumida de Romanos. Al combinar lo que Pablo dice sobre la justificación en Romanos y Efesios, podemos llegar a una teología más robusta acerca de esa doctrina. Comparar las Epístolas y leerlas en armonía puede enriquecer nuestra comprensión general del mensaje de las Escrituras.

CAPÍTULO 2

Las Epístolas de Pablo a iglesias

ROMANOS

Se cree que Romanos es la «obra maestra» de Pablo, su obra magna. Desde la Creación hasta Cristo, la carta de Pablo a la iglesia romana es una narrativa teológica muy cargada cuyo énfasis clave es el evangelio como el «poder de Dios» para la salvación (Romanos 1:16). Los capítulos 1–11 presentan la teología de Pablo, en tanto que los capítulos 12–16 aplican esa teología a la vida piadosa.

Grabado por Jan Luyken de Pablo dictándole a Tercio su carta a los romanos

¿Quién escribió Romanos?

Pablo afirma su autoría en el primer versículo, aunque Tercio sirvió como su secretario y escribió la carta (Romanos 16:22). Rara vez los eruditos han cuestionado la autoría de Pablo de Romanos.

¿Cuándo se escribió Romanos?

Aunque Romanos ocupa el primer lugar entre las Epístolas del Nuevo Testamento, en realidad, es una de las Epístolas más tardías de Pablo, ya que se escribió durante su tercer viaje misionero, alrededor del año 57 d. C. Los eruditos de la Biblia señalan evidencia circunstancial que sugiere que esta Epístola se escribió desde Corinto, la cual incluye antigua evidencia manuscrita que tiene el nombre de Erasto como el «tesorero» de Corinto (Romanos 16:23). El elogio a Febe en Romanos 16:1-2, quien vivía cerca de Corinto, puede indicar que ella llevó la carta a Roma.

¿Quiénes eran los romanos?

Ubicada en el centro occidente de Italia, donde todavía se encuentra hoy en día, Roma fue el corazón de la cultura, el gobierno y el poder del Imperio romano. Imagínese la ciudad de Nueva York de hoy en día combinada con Washington D. C.: eso era Roma. En Roma, los arqueólogos han encontrado estadios impresionantes, como el Circo Máximo, así como teatros y mercados, conocidos como foros. Esos centros de vida cultural incluían muchos templos dedicados a dioses paganos, pero ninguno de ellos superaba la devoción al emperador de Roma. Los primeros emperadores tenían sus imágenes por toda la ciudad, todas ellas destinadas a reforzar la devoción de los ciudadanos al césar. El más notable es el Altar de la Paz, el cual representa la paz de Roma, o *Pax Romana*, que apuntaló el control de Roma sobre el mundo conocido.

El cristianismo llegó a Roma en el curso de la primera generación de la iglesia y fue el puesto de avanzada más al norte y al occidente de la iglesia. Esa es la razón por la que Pablo esperaba llegar desde Roma aún más lejos, hasta España, (Romanos 15:24).

¿Por qué le escribió Pablo a la iglesia de Roma?

Al igual que en muchas grandes ciudades, la población de Roma era diversa en su composición religiosa y cultural. Esa diversidad se introdujo en la iglesia, lo cual fue algo bueno. Sin embargo, en los primeros días de la iglesia, la diversidad judía y gentil también ocasionó conflictos en cuanto a cómo vivir la vida cristiana. Por la carta de Pablo, podemos discernir que existía un debate en cuanto a la verdadera fe y su origen, así como en cuanto a la aplicación de la ley del Antiguo Testamento a los gentiles y a los judíos.

¿Cuál es el mensaje de Pablo a los romanos?

La culpa universal: Pablo tiene como objetivo mostrar que tanto los judíos

Foro romano, Roma

como los gentiles están condenados ante Dios y no pueden alcanzar la meta gloriosa establecida por Dios (Romanos 1–3).

La justificación por la fe: La salvación y la justicia solo se reciben por la fe. Pablo lo demuestra al argumentar que la ley señala la necesidad que la humanidad tiene de justicia, la cual no obtenemos por nuestra propia cuenta. Luego observa el lugar central de la fe en la salvación y el llamado de Dios a sus elegidos a una nueva vida en Cristo (Romanos 3:21–11:36).

La vida piadosa: Pablo explica que, una vez que una persona es salva por la fe, debe crecer en piedad y en una vida centrada en los demás. Los cristianos deben vivir con sacrificio, al poner a la iglesia, el cuerpo de Cristo, en primer lugar (Romanos 12:1–15:13).

Versículos clave

> Pues no me avergüenzo de la Buena Noticia acerca de Cristo, porque es poder de Dios en acción para salvar a todos los que creen, a los judíos primero y también a los gentiles.
>
> ROMANOS 1:16

> Pues todos hemos pecado; nadie puede alcanzar la meta gloriosa establecida por Dios. Sin embargo, en su gracia, Dios gratuitamente nos hace justos a sus ojos por medio de Cristo Jesús, quien nos liberó del castigo de nuestros pecados.
>
> ROMANOS 3:23-24

> Por lo tanto, amados hermanos, les ruego que entreguen su cuerpo a Dios por todo lo que él ha hecho a favor de ustedes. Que sea un sacrificio vivo y santo, la clase de sacrificio que a él le agrada. Esa es la verdadera forma de adorarlo.
>
> ROMANOS 12:1

Contribución a las Escrituras

Romanos es la principal declaración de fe con respecto al plan de salvación de Dios para el judío, en primer lugar, y luego para el gentil. En la Biblia no hay un argumento más claro y detallado sobre la misión a los gentiles, la necesidad de toda la humanidad de la justificación de Dios y la justicia que se aplica solo en Jesucristo.

Los dones espirituales

Cuatro veces en sus Epístolas, Pablo da a sus lectores una lista de dones espirituales. El Espíritu Santo confiere esos dones y Dios los da a los cristianos para capacitarlos para edificar la iglesia, el cuerpo de Cristo. «Todos ustedes en conjunto son el cuerpo de Cristo, y cada uno de ustedes es parte de ese cuerpo» (1 Corintios 12:27). «Hay distintas clases de dones espirituales, pero el mismo Espíritu es la fuente de todos ellos. [...] A cada uno de nosotros se nos da un don espiritual para que nos ayudemos mutuamente» (1 Corintios 12:4, 7).

EFESIOS 4:11	ROMANOS 12:6-8
Apóstoles Profetas Evangelistas Pastores-maestros (o pastores y maestros)	Profetizar Servir Enseñar Animar Dar Liderar Mostrar bondad

1 CORINTIOS 12:8-10	1 CORINTIOS 12:28-30
Dar consejos sabios Mensaje de conocimiento Fe Sanidad Poder para hacer milagros Profetizar Discernir espíritus Hablar en idiomas desconocidos Interpretar idiomas desconocidos	Apóstoles Profetas Maestros Milagros Sanidad Ayudar Liderazgo Hablar en idiomas desconocidos Interpretar idiomas desconocidos

1 CORINTIOS

La primera Epístola de Pablo a los corintios incluye algunas de las declaraciones más definitivas de toda la Biblia sobre la unidad, el alma y el cuerpo, y sobre cómo la resurrección de Jesucristo hace posible que una iglesia dividida e inmoral se convierta en un testigo unificado y piadoso para sus vecinos. En cuanto a extensión, tanto 1 Corintios como Romanos se ubican como las cartas más largas de Pablo. En contraste con Romanos, sin embargo, esta carta es profundamente personal para Pablo.

¿Quién escribió 1 Corintios?

Al igual que Romanos, los eruditos rara vez han cuestionado la autoría de Pablo de esta carta. Pablo afirma que la carta también es de parte de Sóstenes (1 Corintios 1:1), que posiblemente se trata del líder de la sinagoga a quien habían perseguido en Corinto (Hechos 18:17).

¿Cuándo se escribió 1 Corintios?

Pablo escribió la carta a mediados de los años cincuenta, es probable que hacia los años 55 y 56 d. C. Algunos indicios extraídos del libro de los Hechos sugieren que Pablo escribió esta carta en el ocaso de su ministerio en Éfeso (1 Corintios 16:5-9).

¿Quiénes eran los corintios?

La ciudad de Corinto se ubicaba en el sur de Grecia, en una elevada montaña de la península del Peloponeso. Aunque se encontraba a varios kilómetros

Ruinas del templo de Apolo en Corinto

de la costa, la ciudad obtuvo su poder al supervisar dos importantes puertos de comercio: el puerto adriático de Lequeo y el puerto egeo de Cencrea.

La Corinto a la que Pablo escribió era, en realidad, la segunda ciudad corintia. La ciudad griega original de Corinto quedó arrasada tras una guerra contra Roma en el año 146 a. C. La nueva ciudad corintia que se fundó en el año 44 a. C. Aunque tenía rasgos de la cultura romana en su planeación urbana (mercados, baños, gimnasios y templos para el culto del césar), siguió siendo griega en cuanto a su cultura y estilo de vida.

En la época de Pablo, Corinto tenía fama de ser una ciudad muy inmoral. En Corinto sucedían hechos innombrables, pero entre sus habitantes tales sucesos no eran mal vistos. Más bien, se festejaban y se consideraban como culto en algunos de los templos de la ciudad que por su grandeza eran excepcionales. Corinto era la sede de los templos de estilo dórico de Atenea y Apolo y del famoso templo de sanidad de Asclepio. Aunque se debate de qué templo se trataba, el historiador del primer siglo, Estrabón, se refiere a un templo que albergaba a mil prostitutas. Los historiadores coinciden en que la ubicación portuaria de Corinto propiciaba este tipo de vida tan licenciosa, habitual en muchas ciudades portuarias romanas. Ese tipo de vida se infiltró en la vida de la iglesia (ver, por ejemplo, 1 Corintios 5:1).

¿Por qué le escribió Pablo a la iglesia de Corinto?

El entorno cultural tenía más influencia en la iglesia de Corinto que la verdad del evangelio. Las divisiones, la vida mundana, el egocentrismo y las actitudes vanas habían abierto una brecha entre los creyentes de la iglesia y también entre Pablo y la iglesia. (La división entre Pablo y la iglesia parece que llegó a profundizarse solo después de esta carta, como se percibe en 2 Corintios).

¿Cuál es el mensaje de Pablo a los corintios?

La resurrección: El capítulo 15 constituye una de las declaraciones más categóricas acerca de la resurrección de toda la Biblia. Pablo termina su carta con la realidad de la resurrección, porque es por la resurrección que la iglesia de Corinto podía unificarse, al darse cuenta de que sus vidas de ese momento tendrían implicaciones espirituales futuras.

La vida cristiana práctica: El objetivo de Pablo es unificar la iglesia. Eso convierte a 1 Corintios en una de las cartas más prácticas del Nuevo

Testamento: el ministerio (capítulo 3), el manejo de disputas (capítulo 6), el matrimonio y la soltería (capítulo 7), las ofrendas de comida a los ídolos (capítulo 8), los hombres y las mujeres (capítulo 11), la Cena del Señor (capítulo 11), los dones espirituales (capítulo 12), y «una manera de vida que supera a todas las demás», el amor (capítulo 13). A diferencia de Romanos, en la que la aplicación de la teología a la vida comienza a mitad de la carta, la aplicación se entreteje a lo largo de 1 Corintios.

Versículos clave

> ¿No se dan cuenta de que su cuerpo es el templo del Espíritu Santo, quien vive en ustedes y les fue dado por Dios? Ustedes no se pertenecen a sí mismos, porque Dios los compró a un alto precio. Por lo tanto, honren a Dios con su cuerpo.
>
> 1 CORINTIOS 6:19-20

> Así que, sea que coman o beban o cualquier otra cosa que hagan, háganlo todo para la gloria de Dios.
>
> 1 CORINTIOS 10:31

> Tres cosas durarán para siempre: la fe, la esperanza y el amor; y la mayor de las tres es el amor.
>
> 1 CORINTIOS 13:13

> Pues nuestros cuerpos mortales tienen que ser transformados en cuerpos que nunca morirán; nuestros cuerpos mortales deben ser transformados en cuerpos inmortales. Entonces, cuando nuestros cuerpos mortales hayan sido transformados en cuerpos que nunca morirán, se cumplirá la siguiente Escritura: «La muerte es devorada en victoria».
>
> 1 CORINTIOS 15:53-54

Contribución a las Escrituras

La resurrección está en el corazón de esta carta. Solo el poder vivificante de la resurrección hace posible nuestra vida cristiana práctica o le da propósito. Pablo advierte que, sin ella, simplemente «¡comamos y bebamos, que mañana moriremos!» (1 Corintios 15:32). En cambio, debido a la resurrección de Jesús, los creyentes pueden reconciliarse los unos con los otros, vivir una vida de piedad y tener esperanza de que el cuerpo y el alma serán preservados en la eternidad.

1 Corintios 13

Las hermosas palabras acerca del amor de 1 Corintios 13 ocurren en el contexto de las enseñanzas de Pablo acerca de los dones espirituales. Dios da dones espirituales a su pueblo para el beneficio de toda la iglesia. Pablo muestra «una manera de vida que supera a todas las demás» (1 Corintios 12:31); es decir, cuando el pueblo de Dios ejerce sus dones espirituales en el contexto del amor, sus miembros trabajan de la manera que Dios quiere que lo hagan.

1 DONES SIN AMOR = NADA (VV. 1-3)

- Idiomas
- Profecía
- Conocimiento
- Fe
- Dar
- Sacrificio

2 DEFINICIÓN DEL AMOR (VV. 4-7)

El amor es

- Paciente
- Bondadoso

El amor no es

- Celoso
- Fanfarrón
- Orgulloso
- Ofensivo

El amor

- Se alegra cuando la verdad triunfa
- Nunca se da por vencido
- Jamás pierde la fe
- Siempre tiene esperanza
- Se mantiene firme en toda circunstancia

El amor no

- Exige que las cosas se hagan a su manera
- Se irrita
- Lleva un registro de las ofensas recibidas
- Se alegra de la injusticia

3 EL AMOR DURARÁ PARA SIEMPRE (VV. 8-12)

El amor es la meta perfecta y el cumplimiento de

- El conocimiento parcial e incompleto
- La profecía incompleta
- El crecimiento
- La vista/el reconocimiento

Estos dones cesarán

- Profecía
- Idiomas desconocidos
- Conocimiento especial

CONCLUSIÓN (V. 13)

El amor es el mayor

FE ESPERANZA **AMOR**

2 CORINTIOS

A diferencia de todas sus demás Epístolas, 2 Corintios es una carta muy emotiva y personal para Pablo. La razón de esta emotiva carta fue la profunda ofensa que Pablo había sentido por el hecho de que la iglesia de Corinto, una iglesia que amaba entrañablemente, se había dejado engañar para seguir a otros maestros que cuestionaban la legitimidad de las enseñanzas de Pablo y sus credenciales como apóstol. Pablo defiende ambos asuntos en esta carta.

Folio del Papiro 46, 2 Corintios 11:33–12:9

¿Quién escribió 2 Corintios?

En tanto que la autoría de Pablo es en gran medida indiscutible, algunos eruditos han cuestionado si él escribió 2 Corintios 6:14–7:1, porque la redacción parece diferente a la de sus demás escritos. Sin embargo, Pablo alude a muchos pasajes del Antiguo Testamento en esa sección, lo cual podría explicar ese estilo diferente. Pablo afirma que la carta también es de parte de Timoteo, «nuestro hermano» (2 Corintios 1:1).

¿Cuándo se escribió 2 Corintios?

Pablo escribió esta carta a la iglesia de Corinto no mucho después de 1 Corintios, posiblemente en el año 56 d. C. desde Macedonia.

¿Por qué escribió Pablo a la iglesia de Corinto?

La división entre Pablo y la iglesia se había profundizado aún más. La raíz del problema era un grupo de opositores anónimos de Pablo. Esos individuos habían creado conflictos en la iglesia al cuestionar las credenciales apostólicas de Pablo y la legitimidad de su proclamación del evangelio.

¿Cuál es el mensaje de Pablo a los corintios?

El sufrimiento: Pablo usa sus sufrimientos a manos de los falsos apóstoles y de quienes eran guiados por Satanás para mostrar que él encarna la cruz de Cristo en su ministerio (capítulo 11). Pablo deja claro que tal sufrimiento es prueba de que ha sido llamado a ser un ministro del evangelio.

El nuevo pacto: A lo largo de la carta, Pablo defiende su llamado como ministro del nuevo pacto. En los capítulos 3 y 4, Pablo compara su mensaje revelado del evangelio con el rostro velado de Moisés. Eso sirve para ilustrar la revelación que viene en la justicia de Jesús como Señor, así como el cumplimiento de los profetas del Antiguo Testamento, que señalaron un nuevo pacto futuro que ahora se ha cumplido (Jeremías 31:31-34; Ezequiel 36:26-27).

El arrepentimiento y el juicio: De forma audaz, Pablo llama a la iglesia corintia al arrepentimiento, y enmarca el arrepentimiento piadoso en la alegría y la salvación (2 Corintios 7:4, 10). El fruto del arrepentimiento se ve en la generosidad y el amor mutuo (2 Corintios 8:1-15; 9:6-15). En tanto que Pablo termina 1 Corintios con una poderosa declaración acerca de la resurrección de Cristo como la razón de su enseñanza, Pablo concluye 2 Corintios con una poderosa advertencia acerca del papel de Cristo como juez como el motivo de la audaz defensa que hace de su ministerio (2 Corintios 13:1-10).

CUATRO CARTAS A LOS CORINTIOS

Pablo le escribió por lo menos cuatro cartas a la iglesia de Corinto. Su segunda y cuarta carta son nuestras 1 y 2 Corintios de la Biblia. Su primera carta se menciona en 1 Corintios 5:9 y la tercera se menciona en 2 Corintios 2:3-4. La primera y tercera carta «perdidas» de Pablo a los corintios nunca se han encontrado.

Versículos clave

> Ahora tenemos esta luz que brilla en nuestro corazón, pero nosotros mismos somos como frágiles vasijas de barro que contienen este gran tesoro. Esto deja bien claro que nuestro gran poder proviene de Dios, no de nosotros mismos. Por todos lados nos presionan las dificultades, pero no nos aplastan. Estamos perplejos pero no caemos en la desesperación. Somos perseguidos pero nunca abandonados por Dios. Somos derribados, pero no destruidos. Mediante el sufrimiento,

nuestro cuerpo sigue participando de la muerte de Jesús, para que la vida de Jesús también pueda verse en nuestro cuerpo.

2 CORINTIOS 4:7-10

Esto significa que todo el que pertenece a Cristo se ha convertido en una persona nueva. La vida antigua ha pasado; ¡una nueva vida ha comenzado!

2 CORINTIOS 5:17

Cada vez él me dijo: «Mi gracia es todo lo que necesitas; mi poder actúa mejor en la debilidad». Así que ahora me alegra jactarme de mis debilidades, para que el poder de Cristo pueda actuar a través de mí.

2 CORINTIOS 12:9

Contribución a las Escrituras

En cuanto a carácter, 2 Corintios es fervientemente autobiográfica. En esta carta vemos al descubierto el ministerio honesto, audaz y convencido de Pablo, al defender su vocación por el antiguo y el nuevo pacto y por el llamado especial que Dios le hizo como apóstol. Al final, el mensaje de esta carta es encontrar fuerza en el poder y la gloria de Dios, en medio del sufrimiento.

GÁLATAS

Desde la época de la Reforma, en el siglo dieciséis, en especial por la influencia del gran reformador Martín Lutero, Gálatas ha ocupado un lugar especial entre las cartas de Pablo. Esto, debido a sus contundentes declaraciones en cuanto a la justificación a los ojos de Dios por la gracia, solo por medio de la fe y únicamente por medio de Jesucristo.

¿Quién escribió Gálatas?

La autoría de Pablo de Gálatas es indiscutible entre los eruditos.

¿Cuándo se escribió Gálatas?

Gálatas es quizás la primera Epístola de Pablo, escrita alrededor del año 49 d. C., aunque algunos eruditos la fechan más tarde, en los años cincuenta d. C. Gran parte del debate en cuanto a cuándo se escribió la carta gira en torno a la pregunta de a qué parte de Galacia le estaba escribiendo Pablo.

¿Quiénes eran los gálatas?

La relación de Pablo con las iglesias de Galacia era buena, según lo que escribe en esta carta. Sin embargo, a qué iglesias gálatas les escribió Pablo es una cuestión que se debate y todavía es incierta.

- ¿Se trataba de las iglesias del norte de Galacia, la actual Turquía, región poblada, casi en su totalidad, por celtas, a saber, los galos? La composición de esa población era tribal y tenían un estilo de vida aislado. Eso favorecería una fecha de escritura tardía.

- ¿Escribió Pablo a las iglesias del sur de Galacia, como las de las ciudades de Antioquía, Listra, Iconio y Derbe? Esas iglesias se ubicaban en una región que se parecía más a una provincia romana, con su diversidad general, que incluía las sinagogas judías y el culto al césar. La mayoría de los eruditos son de la opinión de que Pablo escribió a las iglesias del sur de Galacia, a las que ministró en su primer viaje misionero (Hechos 13–14). Eso respalda una fecha de escritura más temprana.

¿Por qué escribió Pablo a las iglesias de Galacia?

Como observamos de inmediato al comienzo de la carta, a las jóvenes iglesias gálatas las estaban desviando del verdadero evangelio hacia un evangelio diferente (Gálatas 1:6-7). Al parecer, había maestros que llegaban a cada iglesia de la zona y enseñaban que los cristianos necesitaban seguir la ley de Moisés para ser verdaderamente salvos, lo cual significaba que debían circuncidarse. Pablo se había alarmado porque los gálatas renunciaban a su libertad que se encuentra en el verdadero evangelio por un «evangelio» que los esclavizaba a las obras y no los salvaba.

¿Cuál es el mensaje de Pablo a los gálatas?

Un evangelio: El argumento de Pablo en esta carta es que un evangelio (y solo un evangelio) es suficiente para salvar tanto a judíos como a gentiles; no es necesario que haya un evangelio separado para cada uno.

La justificación por la fe: En toda la carta subyace la doctrina de la justificación por la fe solo en Jesucristo (Gálatas 2:16). Pablo quería dejar claro que no se puede añadir nada a la justicia que Jesús nos da por la fe (Gálatas 2:21).

La adopción en la familia de Dios: En Gálatas 3:15–4:7, Pablo ofrece una de las interpretaciones más claras e importantes del Antiguo Testamento en apoyo de la adopción en la familia de Dios por medio de la fe en Jesús. (Su apelación a la adopción y a Dios como Padre también se ve en Romanos 8).

Versículos clave

> Sin embargo, sabemos que una persona es declarada justa ante Dios por la fe en Jesucristo y no por la obediencia a la ley. Y nosotros hemos creído en Cristo Jesús para poder ser declarados justos ante Dios por causa de nuestra fe en Cristo y no porque hayamos obedecido la ley. Pues nadie jamás será declarado justo ante Dios mediante la obediencia a la ley.
>
> GÁLATAS 2:16

> Ya no hay judío ni gentil, esclavo ni libre, hombre ni mujer, porque todos ustedes son uno en Cristo Jesús.
>
> GÁLATAS 3:28

> Debido a que somos sus hijos, Dios envió al Espíritu de su Hijo a nuestro corazón, el cual nos impulsa a exclamar «Abba, Padre».
>
> GÁLATAS 4:6

Contribución a las Escrituras

Todo Israel había permanecido en espera del cumplimiento del pacto abrahámico, mediante el cual Dios prometió una descendencia más numerosa que las estrellas del cielo (Génesis 15:4-5). Pablo aclara en Gálatas que todos aquellos que ponen su fe solo en Jesús son adoptados en la familia de Dios, de modo que se cumplen las promesas de Dios a Abraham.

El fruto del Espíritu

Una de las porciones más célebres de Gálatas se ubica cerca del final de la carta, en la que Pablo enumera los nueve frutos del Espíritu. En Gálatas 5:13-25, Pablo contrasta la vida que se vive según la carne (o naturaleza pecaminosa) con la vida que se vive en sintonía con el Espíritu Santo. «Por eso les digo: dejen que el Espíritu Santo los guíe en la vida. Entonces no se dejarán llevar por los impulsos de la naturaleza pecaminosa» (Gálatas 5:16).

DESEOS DE LA NATURALEZA PECAMINOSA GÁLATAS 5:19-21	FRUTO DEL ESPÍRITU GÁLATAS 5:22-23
Inmoralidad sexual	Amor
Impureza	Alegría
Pasiones sensuales	Paz
Idolatría	Paciencia
Hechicería	Gentileza
Hostilidad	Bondad
Peleas	Fidelidad
Celos	Humildad
Arrebatos de furia	Control propio
Ambición egoísta	
Discordias	
Divisiones	
Envidia	
Borracheras	
Fiestas desenfrenadas	

EFESIOS

Se ha dicho que Efesios es la versión simplificada de Romanos. En muchos sentidos, Efesios se ha estructurado como Romanos: la primera mitad trata de la verdad de Dios y el mensaje del evangelio, en tanto que la segunda mitad es instrucción en cuanto a la vida cristiana diaria.

¿Quién escribió Efesios?

Si bien la autoría de Pablo se afirma con claridad en el primer versículo y rara vez se ha cuestionado, algunos eruditos modernos dan dos razones para preguntarse si alguien que imitaba a Pablo haya escrito la carta: (1) el autor no parece estar muy familiarizado con su audiencia, lo cual sería extraño ya que Pablo tenía una relación cercana con la iglesia de Éfeso (Efesios 1:15; 3:2; Hechos 19); además, (2) Efesios tiene un estilo diferente de escritura al de muchas de las demás Epístolas de Pablo. Sin embargo, en tanto que es cierto que Pablo pasó mucho tiempo con los efesios, es posible que la Epístola hubiera estado destinada a un público más amplio: a más de una congregación de Éfeso, así como a posibles congregaciones cristianas en varias aldeas de la gran jurisdicción de Éfeso. El estilo de escritura diferente podría explicarse fácilmente por el uso que Pablo hizo de un secretario para escribir la carta.

Ciudad de Éfeso, Turquía

¿Cuándo se escribió Efesios?

Efesios es una de las cartas de Pablo desde la prisión, ya que él menciona su encarcelamiento en los capítulos 3, 4 y 6. Eso situaría la fecha de redacción alrededor de los años 60–62 d. C., cuando Pablo estaba en Roma.

¿Quiénes eran los efesios?

Al igual que Corinto, Éfeso disfrutaba de un lugar de poder e influencia en su región y era un punto de interés cultural, pues era una ciudad portuaria. Era conocida como un lugar central de educación, con escuelas y bibliotecas de renombre. Éfeso contaba con un gran teatro que tenía capacidad para más de veinte mil personas, al igual que el famoso templo de Artemisa (ver Hechos 19). Del mismo modo que otras ciudades romanas, en Éfeso se rendía culto al césar (ubicado en el templo del Divino Julio) y a la diosa de Roma, así como a otros césares en sus respectivos templos: Trajano, Adriano y Domiciano. La riqueza variaba en Éfeso, no obstante, la ciudad albergaba a algunas de las élites más ricas del imperio.

¿Por qué escribió Pablo a la iglesia de Éfeso?

Esta Epístola es única ya que Pablo no declara con claridad la razón por la que la escribió, sino que más bien comienza, de manera simple y magistral, con el plan redentor de Dios en Cristo para adoptar a los elegidos por su amor desbordante. Lo más cercano a una ocasión para la carta es cómo Pablo alaba la fe de los efesios y les asegura que ora por ellos con frecuencia (Efesios 1:15-19).

¿Cuál es el mensaje de Pablo a los efesios?

La adopción: En el centro de la declaración que Pablo hace en el primer capítulo, se encuentra una de las mayores doxologías de la Biblia sobre la adopción en la familia de Dios (Efesios 1:3-14). Pablo usa la metáfora de la adopción para ilustrar el lugar seguro que ocupan los creyentes en la familia de Dios. En la época de Pablo, al niño que era adoptado nunca podían abandonarlo legalmente. Del mismo modo, Dios nos adopta en amor como hijos que se hallan seguros en su familia.

Vidas nuevas en Cristo: Antes de conocer a Cristo, explica Pablo en el capítulo 2, los efesios hacían las obras de Satanás. Sin embargo, debido a que Dios es rico en misericordia, por gracia y por medio de la fe en Cristo, la obra de salvación de Dios los salvó y tienen vidas nuevas. Debido a que Dios hace esa obra, nadie tiene derecho a jactarse (Efesios 2:8-9).

La unidad: Hay unidad tanto en el hecho de que todos estuvieron una vez bajo el poder de Satanás como en el que solo Dios hizo la obra de salvación a favor de los creyentes. Hay unidad entre los cristianos judíos y gentiles y, a partir del capítulo 4 y a través del resto de la carta, unidad en la familia y en la iglesia, que se produce por caminar en el amor de Jesús (Efesios 5:1).

Versículos clave

> Incluso antes de haber hecho el mundo, Dios nos amó y nos eligió en Cristo para que seamos santos e intachables a sus ojos. Dios decidió de antemano adoptarnos como miembros de su familia al acercarnos a sí mismo por medio de Jesucristo.
>
> EFESIOS 1:4-5

> Dios los salvó por su gracia cuando creyeron. Ustedes no tienen ningún mérito en eso; es un regalo de Dios. La salvación no es un premio por las cosas buenas que hayamos hecho, así que ninguno de nosotros puede jactarse de ser salvo.
>
> EFESIOS 2:8-9

> Pues hay un solo cuerpo y un solo Espíritu, tal como ustedes fueron llamados a una misma esperanza gloriosa para el futuro. Hay un solo Señor, una sola fe, un solo bautismo, un solo Dios y Padre de todos, quien está sobre todos, en todos y vive por medio de todos.
>
> EFESIOS 4:4-6

Contribución a las Escrituras

Esta carta se destaca entre las otras Epístolas del Nuevo Testamento al aportar a la historia general de la Biblia lo que Dios ha hecho a nuestro favor, así como las implicaciones que eso tiene en la forma en que debemos tratarnos los unos a los otros y estar unidos en todos los aspectos de la vida. En Efesios, Pablo argumenta que Dios ha planeado su iglesia desde antes de que se formara la tierra. Además, planeó que cada creyente hiciera buenas obras en Jesús. Ya que eso es cierto, debe haber unidad en la iglesia, en los matrimonios y en las familias. Si nos sometemos a Jesús como nuestro rey, debemos someternos por amor a nuestros hermanos y hermanas.

La armadura de Dios

Una de las metáforas más memorables de Pablo es la armadura de Dios de Efesios 6. Pablo explica que no es una guerra mundana lo que enfrentan los creyentes, sino una guerra espiritual. Es una lucha contra las artimañas del diablo y las fuerzas espirituales en los lugares celestiales. Dios ha equipado a los creyentes con armadura y armas especialmente diseñadas para esa lucha.

EFESIOS 6:13-18

Por lo tanto, pónganse todas las piezas de **la armadura de Dios** para poder resistir al enemigo en el tiempo del mal. Así, después de la batalla, todavía seguirán de pie, firmes.

Defiendan su posición, poniéndose **el cinturón de la verdad**

y **la coraza de la justicia** de Dios.

Pónganse como calzado **la paz que proviene de la Buena Noticia** a fin de estar completamente preparados.

Además de todo eso, levanten **el escudo de la fe** para detener las flechas encendidas del diablo.

Pónganse **la salvación como casco**

y tomen **la espada del Espíritu**, la cual es la palabra de Dios.

Oren en el Espíritu en todo momento y en toda ocasión.

FILIPENSES

No importa cuán difíciles sean las circunstancias, mirar el ejemplo de Cristo es clave para encontrar contentamiento, e incluso regocijo, en cualquier situación. Al comprender la humildad de Cristo, sus seguidores descubren el camino hacia la unidad en el ministerio cristiano. De esa manera, llegan a ser luces para un mundo que observa. Ese es el mensaje de la carta de Pablo a los filipenses.

¿Quién escribió Filipenses?

Rara vez se ha cuestionado la autoría de Pablo entre los eruditos. Pablo indica que la carta también es de parte de su compañero de ministerio, Timoteo (Filipenses 1:1).

¿Cuándo se escribió Filipenses?

Pablo alude a la posibilidad de que su muerte pueda ser pronto, y menciona la casa de César (Filipenses 1:13, 20; 4:22). Ambos datos sugieren una fecha de escritura alrededor de los años 60–62 d. C., cuando Pablo estaba en Roma, lo cual hace de Filipenses una de sus cuatro Epístolas desde la prisión.

¿Quiénes eran los filipenses?

La ciudad de Filipos fue poblada principalmente por veteranos del ejército romano en el año 42 a. C. Era famosa por sus buenas tierras de cultivo y refugios fiscales que le proporcionaba directamente el César como colonia de Augusto. Al igual que muchas ciudades romanas, contaba con teatros, baños, mercados y el culto a los dioses imperiales romanos.

Hechos 16 nos da una imagen de lo que la iglesia filipense significaba para Pablo. Esa fue la primera iglesia que Pablo fundó en Europa, por lo que le traía a la memoria recuerdos que le eran importantes: el encarcelamiento que él y Silas experimentaron y su milagrosa liberación de la cárcel (Hechos 16:16-26); la conversión de su carcelero (Hechos 16:27-34); así como la conversión de Lidia, quien les abrió su hogar a Pablo y a sus compañeros (Hechos 16:11-15). Pablo escribió su carta a los filipenses aproximadamente una década después de haber fundado la iglesia. Sin duda había sucedido mucho en la iglesia en los años transcurridos.

¿Por qué escribió Pablo a la iglesia de Filipos?

Pablo quería mantener la amistad y la colaboración con ellos en el ministerio y animarlos a seguir creciendo en la semejanza a Cristo (Filipenses 1:3-11; 1:18–2:18). Otras razones aparecen más adelante en la carta: ensalzar las virtudes del ministerio de Timoteo (2:19-24), ponerlos al día en cuanto a la salud de Epafrodito (2:25-30) y exhortar a Evodia y Síntique a reconciliarse (4:2-3).

¿Cuál es el mensaje de Pablo a los filipenses?

La colaboración en el ministerio: En el corazón de esta carta está la gratitud de Pablo por el apoyo de la iglesia filipense y su fiel colaboración con él. El tono de gratitud y colaboración se respira a lo largo de esta carta.

La humildad semejante a la de Cristo: La humildad de Cristo es un ejemplo de cómo ver las prioridades de la vida, los conflictos y las interacciones diarias de los unos con los otros. Entre las declaraciones iniciales de gratitud de Pablo y unas cuantas instrucciones diversas para la iglesia o las personas, se encuentran sus majestuosas palabras acerca de Jesús, quien es el ejemplo para todos los creyentes.

El alegrarse: La palabra *alegrarse* o *gozarse* se usa seis veces en esta breve carta. El encarcelamiento de Pablo en Roma, mientras esperaba el juicio, hizo que sus exhortaciones a los filipenses a optar por el contentamiento y alegrarse en el Señor fueran sobre todo personales y pertinentes.

Bautisterio de Santa Lidia en Filipos

Versículos clave

Y estoy seguro de que Dios, quien comenzó la buena obra en ustedes, la continuará hasta que quede completamente terminada el día que Cristo Jesús vuelva.

FILIPENSES 1:6

Dios lo elevó al lugar de máximo honor y le dio el nombre que está por encima de todos los demás nombres para que, ante el nombre de Jesús, se doble toda rodilla en el cielo y en la tierra y debajo de la tierra, y toda lengua declare que Jesucristo es el Señor para la gloria de Dios Padre.

FILIPENSES 2:9-11

Estén siempre llenos de alegría en el Señor. Lo repito, ¡alégrense! [...] No se preocupen por nada; en cambio, oren por todo. Díganle a Dios lo que necesitan y denle gracias por todo lo que él ha hecho. Así experimentarán la paz de Dios, que supera todo lo que podemos entender. La paz de Dios cuidará su corazón y su mente mientras vivan en Cristo Jesús.

FILIPENSES 4:4, 6-7

Contribución a las Escrituras

La humildad de Cristo resuena a lo largo de esta carta. Esa humildad semejante a la de Cristo es lo que conduce a un mayor crecimiento en la colaboración ministerial, en la unidad dentro de la iglesia y en la alegría en todas las circunstancias para que los seguidores de Cristo lleguen a ser testigos que dan luz al mundo.

COLOSENSES

En Colosenses, Pablo expone la supremacía de Cristo sobre todas las cosas y cómo, en el proceso de poner todo bajo su gobierno, los creyentes también se convierten en nuevas criaturas. De esa realidad, Pablo extrae aplicaciones específicas para una vida piadosa.

¿Quién escribió Colosenses?

Pablo escribió Colosenses junto con Timoteo (Colosenses 1:1). Timoteo pudo haber sido el secretario de Pablo, de manera que escribió la carta misma, aunque Pablo firma la carta: «Firmo mi propio saludo de puño y letra» (Colosenses 4:18). La Epístola debe leerse como una enseñanza de Pablo porque habla en primera persona singular cuando instruye al lector, aunque se usa la primera persona plural en la sección inicial para dar gracias por la iglesia colosense.

LA CARTA PERDIDA A LA IGLESIA DE LAODICEA

Pablo tenía la intención de que su Epístola a la iglesia de Colosas también se leyera en la iglesia cercana, la de Laodicea. Asimismo, que la carta de Pablo a la iglesia de Laodicea (que ahora se ha perdido) la leyeran los de la iglesia de Colosas (Colosenses 4:16). Eso nos hace ver que era típico que las cartas de Pablo circularan y se leyeran en múltiples congregaciones eclesiásticas.

¿Cuándo se escribió Colosenses?

Esta Epístola se escribió cuando Pablo permanecía en prisión en Roma alrededor de los años 60–62 d. C., lo cual la hace una de las Epístolas desde la prisión de Pablo.

¿Quiénes eran los colosenses?

La ciudad de Colosas estaba ubicada justo al oriente de Éfeso, por lo que cabe la posibilidad de que esa iglesia se haya fundado durante la época del ministerio de Pablo en Éfeso, aunque no directamente por el mismo Pablo. Colosas estaba asentada a orillas del río Lico, muy cerca de Laodicea y Hierápolis. Se sabe poco acerca de la historia y la cultura de Colosas, pero su situación geográfica la ubica cerca de muchas de las primeras congregaciones cristianas de la historia.

Lo más notable es que Colosas está cerca de las siete iglesias a las que se dirige el Apocalipsis de Juan.

¿Por qué le escribió Pablo a la iglesia de Colosas?

La ocasión de la carta ha desconcertado a los eruditos durante mucho tiempo. Únicamente en Colosenses 2 tenemos una pista de cuál podría ser el problema. Pablo advierte acerca de los «argumentos ingeniosos», las «filosofías huecas y disparates elocuentes» y «del pensamiento humano y de los poderes espirituales» (Colosenses 2:4, 8, 20-23). Aunque no está claro a qué se refiere eso específicamente, parece que estaba surgiendo algún tipo de teología popular, la cual posiblemente tenía que ver con ángeles y demonios y que la promovían adivinos dentro de la iglesia.

¿Cuál es el mensaje de Pablo a los colosenses?

La supremacía de Cristo: El capítulo uno es una explicación estelar del Salmo 110:1, uno de los versículos del Antiguo Testamento que más se cita en el Nuevo Testamento: «Siéntate en el lugar de honor a mi derecha, hasta que humille a tus enemigos y los ponga por debajo de tus pies» (ver Mateo 22:44; Hechos 2:34-35; Hebreos 1:13). Jesús es el Señor de todo y, debido a eso, reconcilia todas las cosas consigo mismo.

Estar vivos en Cristo: Parte de la acción de reconciliación de Jesús es hacer que los creyentes vivan en él. Eso significa caminar con Cristo y estar arraigados en él (Colosenses 2:6-7). Dios lo hace posible, primero, al anular el pecado y, luego, al vencer al mundo y su gobierno (Colosenses 2:13-15).

Una mentalidad nueva: La resurrección y ascensión de Cristo levantan la vista de uno de las cosas terrenales a las piadosas (Colosenses 3:1-4). Los cristianos deben hacer morir en ellos las actividades y mentalidades terrenales y, en cambio, fijar su mente en Cristo (Colosenses 3:5-16).

Versículos clave

> Cristo es la imagen visible del Dios invisible. Él ya existía antes de que las cosas fueran creadas y es supremo sobre toda la creación porque, por medio de él, Dios creó todo lo que existe en los lugares celestiales y en la tierra. Hizo las cosas que podemos ver y las que no podemos ver, tales como tronos, reinos, gobernantes y autoridades del mundo invisible. Todo fue creado por medio de él y para él.
>
> COLOSENSES 1:15-16

> Ya que han sido resucitados a una vida nueva con Cristo, pongan la mira en las verdades del cielo, donde Cristo está sentado en el lugar de honor, a la derecha de Dios.
>
> COLOSENSES 3:1

Contribución a las Escrituras

Colosenses es una de las declaraciones más grandes de todas las Escrituras en cuanto a la posición de Cristo a la diestra de Dios el Padre. Pablo describe a Jesucristo como el Señor que resucitó y ascendió; que usa su supremacía y poder para reconciliar todas las cosas y llevar a los creyentes a vidas nuevas de unidad y armonía.

1 TESALONICENSES

La primera carta de Pablo a la iglesia tesalonicense es una carta muy alentadora. Se centra en la segunda venida de Cristo como motivo de esperanza.

¿Quién escribió 1 Tesalonicenses?

Pablo es el autor de 1 Tesalonicenses, junto con Silas (Silvano) y Timoteo.

Es probable que uno de los dos, Silas o Timoteo, haya sido el secretario de Pablo. Sin embargo, dado que Pablo no se hallaba en la cárcel cuando la escribió, es posible que él mismo haya escrito la carta sin un secretario. Pablo usa la primera persona plural a lo largo de la carta, ya que los tesalonicenses conocían bien tanto a Timoteo como a Silas (Hechos 17:1-10; 1 Tesalonicenses 3:6).

¿Cuándo se escribió 1 Tesalonicenses?

Esta es una de las primeras cartas de Pablo, la cual se escribió unos pocos años después de Gálatas. Si esta carta coincide con Hechos 18:12-17, que menciona a Galión como procónsul de Acaya (51–52 d. C.), la carta se escribió alrededor de la época de Galión, durante la visita de Pablo a Corinto.

¿Quiénes eran los tesalonicenses?

La Tesalónica histórica se encuentra al norte de Corinto y Atenas y al occidente de Filipos. El rey macedonio Casandro fundó Tesalónica, la cual se encuentra en el golfo Termaico del mar Egeo, con el propósito de que sirviera de puerto para el comercio. La conexión directa con el Imperio romano se aprecia tanto en las señales de comercio de la Vía Egnatia como en el hecho de que Marco Antonio y Augusto le otorgaron a la ciudad la libertad de gobernarse a sí misma. Incluso bajo el dominio romano, Tesalónica se mantuvo por completo griega en cuanto a su cultura y gobierno.

Iglesia de San Pablo en Tesalónica

¿Por qué escribió Pablo a la iglesia de Tesalónica?

Pablo y Silas se habían visto obligados a abandonar la ciudad a causa de una turba peligrosa (Hechos 17). Pablo dedica gran parte de la carta a explicar sus acciones y a animar a los cristianos tesalonicenses a continuar con su fe y amor diligentes.

Pablo también quiere aclarar cierta confusión acerca de la segunda venida de Cristo. Los cristianos tesalonicenses todavía no habían establecido conexiones entre el regreso de Jesús y su esperanza presente y su certidumbre de la resurrección en la eternidad.

¿Cuál es el mensaje de Pablo a los tesalonicenses?

El aliento: Pablo dedica gran parte de la carta a relatar su relación con la iglesia. A diferencia de algunas de las otras Epístolas de Pablo, él no tiene nada más que elogios para los tesalonicenses. Ellos habían recibido la palabra de Dios como autoritativa y caminaban fielmente en amor fraternal (1 Tesalonicenses 2:13; 4:9-10).

La resurrección y la segunda venida: La resurrección es la razón por la que quienes se duelen por la pérdida de sus seres queridos pueden dolerse con esperanza. La segunda venida del Señor reunirá a los creyentes con los que han fallecido, por lo que los creyentes deben animarse los unos a los otros con esa esperanza (1 Tesalonicenses 4:13-18). El regreso de Jesús significa que los creyentes deben asumir con seriedad los desafíos de la vida, y no eludir las responsabilidades ni esperar que otros las asuman (1 Tesalonicenses 5).

Versículos clave

> Y ahora, amados hermanos, queremos que sepan lo que sucederá con los creyentes que han muerto, para que no se entristezcan como los que no tienen esperanza. Pues, ya que creemos que Jesús murió y resucitó, también creemos que cuando Jesús vuelva, Dios traerá junto con él a los creyentes que hayan muerto.
>
> 1 TESALONICENSES 4:13-14

> Pues ustedes saben muy bien que el día del regreso del Señor llegará inesperadamente, como un ladrón en la noche.
>
> 1 TESALONICENSES 5:2

> Estén siempre alegres. Nunca dejen de orar. Sean agradecidos en toda circunstancia, pues esta es la voluntad de Dios para ustedes, los que pertenecen a Cristo Jesús.
>
> 1 TESALONICENSES 5:16-18

Contribución a las Escrituras

Primera de Tesalonicenses es un ejemplo perfecto del concepto de «ya pero todavía no». Los cristianos pueden estar seguros ahora de su salvación (la parte del «ya»), así como del regreso futuro de Cristo y de la resurrección de los creyentes (la parte del «todavía no»).

2 TESALONICENSES

La segunda carta de Pablo a la iglesia tesalonicense se escribió para corregir las percepciones falsas de lo que Pablo había dicho en su primera carta a ellos. Al parecer, algunos pensaron que él había afirmado que Jesús regresaría tan pronto que ya se habían perdido su segunda venida. Por lo que, en 2 Tesalonicenses, Pablo les enseña que todavía tenían que anticipar el regreso de Jesús y, mientras tanto, debían mantenerse firmes en medio de la persecución y seguir ocupados en hacer el bien.

¿Quién escribió 2 Tesalonicenses?

Al igual que con su primera carta, Pablo escribió esta segunda carta junto con Silas y Timoteo (2 Tesalonicenses 1:1). Desde hace poco, algunos eruditos han dudado de la autoría de Pablo, al sugerir que alguien más imita el estilo de Pablo en la carta. Sin embargo, desde los primeros días del cristianismo, la autoría de Pablo no se ha cuestionado. Incluso Pablo sabía que la gente estaba tratando de imitarlo y lo menciona en esta carta (2 Tesalonicenses 2:2).

¿Cuándo se escribió 2 Tesalonicenses?

Pablo escribió 2 Tesalonicenses poco después de su primera carta a los tesalonicenses, alrededor de los años 50–51 d. C., también desde Corinto.

¿Por qué escribió Pablo a la iglesia de Tesalónica?

Algunos falsos maestros habían tratado de imitar a Pablo y al grupo de Pablo en sus escritos y enseñanzas, al intentar persuadir a los tesalonicenses de que Jesús ya había regresado (2 Tesalonicenses 2:1-12). Pablo exhorta a la iglesia a recordar sus enseñanzas anteriores, a mantenerse firme en la verdad y a orar por él (2 Tesalonicenses 2:13–3:5).

¿Cuál es el mensaje de Pablo a los tesalonicenses?

La segunda venida: El regreso de Jesús es un tema clave en ambas cartas a los tesalonicenses. En esta segunda carta, Pablo explica que (1) la segunda venida aún no había ocurrido, (2) al regreso de Cristo lo precederá una rebelión que dirigirán Satanás y el «hombre de anarquía» y (3) la rebelión ya había empezado su marcha, pero aún no había llegado a su punto crítico.

La diligencia: La exhortación final de Pablo no es solo que se queden de brazos cruzados y esperen la segunda venida, sino que continúen siendo productivos. Les advierte a los tesalonicenses que se mantengan alejados de quienes son ociosos y, en cambio, se mantengan ocupados haciendo el bien (2 Tesalonicenses 3:6-13).

Versículos clave

> No se dejen engañar por lo que dicen. Pues aquel día no vendrá hasta que haya una gran rebelión contra Dios y se dé a conocer el hombre de anarquía, aquel que trae destrucción.
>
> 2 TESALONICENSES 2:3

> En cuanto a nosotros, no podemos más que agradecerle a Dios por ustedes, queridos hermanos, amados por el Señor. Siempre estamos agradecidos de que Dios los eligió para que estén entre los primeros en experimentar la salvación, una salvación que vino mediante el Espíritu —quien los hace santos— y por creer en la verdad.
>
> 2 TESALONICENSES 2:13

> En cuanto al resto de ustedes, amados hermanos, nunca se cansen de hacer el bien.
>
> 2 TESALONICENSES 3:13

Contribución a las Escrituras

La segunda carta de Pablo a los tesalonicenses aclara cómo será el regreso del Señor en contraste con la actividad de Satanás en el mundo. Jesús tendrá la victoria final, pero esto no quiere decir que los creyentes deban sentarse a esperar de manera ociosa. Más bien, deben permanecer ocupados en la piedad y las buenas obras.

CAPÍTULO 3

Las Epístolas de Pablo a personas

1 TIMOTEO

Esta Epístola es una de las dos cartas que Pablo le escribió a su joven discípulo Timoteo. En ambas Epístolas, encontramos consejos pastorales prácticos en cuanto a cómo tratar con personas que quieren dañar a la iglesia, cómo dirigir una iglesia y aspectos concretos acerca de la vida cristiana.

¿Quién escribió 1 Timoteo?

La autoría de Pablo se afirma con claridad en el primer versículo. Sin embargo, desde hace poco, algunos eruditos han rechazado el hecho de que Pablo sea el autor, por lo diferentes que son esta carta y 2 Timoteo del resto de las Epístolas de Pablo. No obstante, esas diferencias deben esperarse, ya que las ocasiones y los propósitos difieren: 1 y 2 Timoteo se escribieron a una persona, no a toda una congregación. Además, contienen consejos para el pastoreo en lugar de exhortaciones y advertencias en cuanto a asuntos más generales.

¿Cuándo se escribió 1 Timoteo?

Pablo escribió su primera carta a Timoteo en los años sesenta d. C., antes de su encarcelamiento final en Roma, es probable que entre los años 62 y 66 d. C. Como una de sus últimas Epístolas, esta carta está llena de la sabiduría pastoral de Pablo, pues ya Pablo comienza a pasarle la batuta a Timoteo.

El protegido de Pablo

Timoteo era un discípulo de Pablo y, además, alguien por quien Pablo sentía un gran afecto (2 Timoteo 1:4). Pablo conocía bien a la familia de Timoteo. Gracias a una madre y abuela fieles, Timoteo había crecido en la fe (2 Timoteo 1:5). Timoteo había viajado extensamente con Pablo en sus viajes misioneros, como se ve en el libro de los Hechos. Aunque todavía era un pastor joven a esas alturas, era un pastor en quien Pablo confiaba para dirigir con sabiduría a la iglesia de Éfeso (2 Timoteo 2:1-7; 4:1-2).

¿Por qué le escribió Pablo a Timoteo?

En esta carta se discuten muchos temas prácticos del ministerio. Sin embargo, la razón principal de la carta era una advertencia sobre los falsos maestros que se infiltraban en la iglesia de Éfeso. El capítulo 1:3-20 trata de los falsos maestros; luego Pablo retoma el asunto sobre los falsos maestros en dos secciones más: 4:1-5 y 6:3-21.

¿Cuál es el mensaje de Pablo a Timoteo?

Las falsas enseñanzas: Sin duda, debido a que Timoteo era joven, otros trataron de aprovecharse de él (1 Timoteo 4:12). Pablo le da instrucciones a Timoteo en cuanto a cómo enfrentar a los falsos maestros (1 Timoteo 1:3-20), a identificar a los falsos maestros (1 Timoteo 4:1-5) y a conocer sus motivos (1 Timoteo 6:3-5).

El liderazgo de la iglesia: Si las falsas enseñanzas son un problema, ¿cómo puede Timoteo saber quiénes deben ser los pastores y siervos-líderes adecuados de la iglesia? Pablo aborda ese asunto en el capítulo 3. Así como Pablo capacita a Timoteo en cuanto a cómo identificar a los engañadores, le enseña cómo identificar a las personas que llevarán bienestar a la iglesia.

La vida piadosa: En tres secciones de esta carta, Pablo aborda en detalle cómo debe ser una vida piadosa: la vida cristiana práctica para la audiencia en general y los líderes de la iglesia en 2:1–3:16; para Timoteo como su pastor en 4:6-16; y para los grupos específicos de la iglesia en 5:1-6:2.

Versículos clave

> Enseña esas cosas e insiste en que todos las aprendan. No permitas que nadie te subestime por ser joven. Sé un ejemplo para todos los creyentes en lo que dices, en la forma en que vives, en tu amor, tu fe y tu pureza.
>
> 1 TIMOTEO 4:11-12

> Los ancianos que cumplen bien su función deberían ser respetados y bien remunerados, en particular los que trabajan con esmero tanto en la predicación como en la enseñanza.
>
> 1 TIMOTEO 5:17

> Pelea la buena batalla por la fe verdadera. Aférrate a la vida eterna a la que Dios te llamó y que declaraste tan bien delante de muchos testigos.
>
> 1 TIMOTEO 6:12

Contribución a las Escrituras

Esta primera carta a Timoteo es una de las guías más prácticas de las Escrituras en cuanto a cómo vivir una vida piadosa, pastorear una iglesia, identificar a quienes ayudarán en el bienestar y el crecimiento de la iglesia, así como también vigilar a quienes tratan de perjudicarla.

2 TIMOTEO

La segunda carta de Pablo a Timoteo son sus últimas palabras a su joven aprendiz. En esta Epístola, encontramos el profundo amor de Pablo hacia Timoteo y la confianza que deposita en el ministerio de él. Junto con 2 Corintios, 2 Timoteo es una de las cartas más emotivas del apóstol.

Pasar la batuta del ministerio

En 2 Timoteo, vemos generaciones de creyentes que pasan la fe a otros: Jesús la pasa a Pablo (1:11), Pablo, a Timoteo (1:13), y Timoteo, a personas fieles que, a su vez, enseñarán a otros (2:2).

¿Quién escribió 2 Timoteo?

Pablo escribió 2 Timoteo. Las razones para aceptar la autoría de Pablo son las mismas que para 1 Timoteo.

¿Cuándo se escribió 2 Timoteo?

Esta fue la última Epístola de Pablo antes de que lo ejecutaran. La escribió cuando estaba en prisión en Roma, posiblemente entre los años 66 y 67 d. C.

¿Por qué le escribió Pablo a Timoteo?

Pablo escribió esta carta para pasarle a Timoteo la batuta del ministerio y, por medio de Timoteo, pasarles la batuta a otros en el futuro (2 Timoteo 1:1-6). Pablo le da a Timoteo sus últimas recomendaciones sobre una vida de ministerio, las cuales concluyen acertadamente con un fuerte estímulo para que predique la Palabra de Dios como el latido del corazón de su ministerio (2 Timoteo 4:1-8).

¿Cuál es el mensaje de Pablo a Timoteo?

La fidelidad: Pablo le recuerda a Timoteo su herencia espiritual a través de su madre y su abuela. A la luz de ese legado, Pablo lo anima a continuar avivando la llama del don que tiene de parte de Dios, a seguir la sana enseñanza y a no avergonzarse del evangelio (2 Timoteo 1:5-14).

La Palabra de Dios: A partir de 2 Timoteo 3:10, Pablo le recuerda a Timoteo cómo la Palabra inspirada de Dios debe ocupar un lugar central en la vida piadosa. El corazón del ministerio de Timoteo debe ser la predicación de la Palabra de Dios en todo tiempo y circunstancia (2 Timoteo 4:1-8).

Versículos clave

> Toda la Escritura es inspirada por Dios y es útil para enseñarnos lo que es verdad y para hacernos ver lo que está mal en nuestra vida. Nos corrige cuando estamos equivocados y nos enseña a hacer lo correcto. Dios la usa para preparar y capacitar a su pueblo para que haga toda buena obra.
>
> 2 TIMOTEO 3:16-17

> Predica la palabra de Dios. Mantente preparado, sea o no el tiempo oportuno.
>
> 2 TIMOTEO 4:2

> He peleado la buena batalla, he terminado la carrera y he permanecido fiel. Ahora me espera el premio, la corona

de justicia que el Señor, el Juez justo, me dará el día de su regreso; y el premio no es solo para mí, sino para todos los que esperan con anhelo su venida.

2 TIMOTEO 4:7-8

Contribución a las Escrituras

Después de la pérdida de un importante mentor espiritual, muchos cristianos se preguntan qué hacer a continuación en su fe. La carta de 2 Timoteo es especialmente importante en esta situación. Proporciona consejos alentadores en cuanto a mantener nuestro caminar con el Señor y a influir en los demás por el bien del reino de Dios.

TITO

Tito

Tito completa las tres Epístolas pastorales de Pablo. Esta carta, al igual que las dos cartas a Timoteo, se centra en la vida cristiana práctica y trata de las falsas enseñanzas dentro de la iglesia.

¿Quién escribió Tito?

Al igual que con 1 y 2 Timoteo, en los tiempos modernos se ha cuestionado la autoría de Pablo de Tito. Sin embargo, se afirma con claridad que Pablo es el autor de esta carta (Tito 1:1). Además, la teología de la carta refleja su teología expresada en sus otras Epístolas, a pesar de algunas diferencias en el estilo de redacción.

¿Cuándo se escribió Tito?

Es probable que esta Epístola se haya escrito entre las dos cartas de Pablo a Timoteo, alrededor de los años 64–66 d. C. Se desconoce la ubicación de Pablo cuando la escribió.

¿Por qué le escribió Pablo a Tito?

Al igual que 1 Timoteo, las falsas enseñanzas están en el corazón de esta Epístola, por lo que proporcionan la ocasión para que Pablo instruya a Tito en cuanto a cómo dirigir una iglesia con una enseñanza sólida, y cómo nombrar a los líderes espirituales.

¿Cuál es el mensaje de Pablo a Tito?

Los ancianos de la iglesia: Un gran número de «rebeldes» y falsos maestros trataban de corromper a las iglesias de Creta, por lo que Pablo le da instrucciones cuidadosas a Tito en cuanto a los requisitos para los ancianos de la iglesia (Tito 1:5-16).

La enseñanza de doctrina sólida: Pablo exhorta a Tito a confiar y a enseñar a la iglesia con autoridad. El modelo de Tito de una vida piadosa es de suma importancia para su congregación (Tito 2:1-15).

Las buenas obras: De la enseñanza sólida surgen las buenas obras. En el capítulo 3, Pablo afirma que, debido a la salvación de Cristo y la redención y el lavamiento del Espíritu Santo, los creyentes deben someterse a la autoridad de la iglesia, abandonar el comportamiento insensato y malicioso y dedicarse a las buenas obras.

El pastor gentil

Tito fue un colaborador de Pablo durante mucho tiempo, quien llegó a ser pastor en Creta (Tito 1:5). Es probable que se convirtiera al cristianismo bajo el ministerio de Pablo, ya que Pablo lo llama «mi verdadero hijo en la fe que compartimos» (Tito 1:4). A diferencia de Timoteo, Tito era completamente griego (Gálatas 2:3). Si había alguna duda en cuanto al compromiso de Pablo con el liderazgo gentil de la iglesia, Tito despeja esa duda. Pablo había enseñado a Tito y le había confiado la autoridad de nombrar ancianos de la iglesia en las ciudades de Creta (Tito 1:5).

Basílica de San Tito en Gortina, Creta

Versículo clave

> Y sé tú mismo un ejemplo para ellos al hacer todo tipo de buenas acciones. Que todo lo que hagas refleje la integridad y la seriedad de tu enseñanza. Enseña la verdad, para que no puedan criticar tu enseñanza. Entonces los que se nos oponen quedarán avergonzados y no tendrán nada malo que decir de nosotros.
>
> TITO 2:7-8

> Sin embargo, cuando Dios nuestro Salvador dio a conocer su bondad y amor, él nos salvó, no por las acciones justas que nosotros habíamos hecho, sino por su misericordia. Nos lavó, quitando nuestros pecados, y nos dio un nuevo nacimiento y vida nueva por medio del Espíritu Santo. Él derramó su Espíritu sobre nosotros en abundancia por medio de Jesucristo nuestro Salvador. Por su gracia él nos hizo justos a sus ojos y nos dio la seguridad de que vamos a heredar la vida eterna.
>
> TITO 3:4-7

Contribución a las Escrituras

La carta de Pablo a Tito está escrita con un corazón pastoral. La mejor manera de combatir las falsas enseñanzas en la iglesia es modelar una vida piadosa, seleccionar líderes calificados y guiados por el Espíritu, así como enseñar la doctrina sólida.

FILEMÓN

La Epístola de Pablo a Filemón es su carta más corta. Aparece al final de las trece Epístolas de Pablo en el Nuevo Testamento. Es probable que esta breve carta personal se haya enviado junto con la Epístola de Pablo a los colosenses, ambas con destino a la ciudad de Colosas.

¿Quién escribió Filemón?

Pablo es el autor de esta Epístola, junto con Timoteo (Filemón 1:1). Timoteo pudo haber sido el secretario de Pablo para esta carta, mientras que Pablo es el autor principal, ya que a lo largo de la Epístola se usa la primera persona singular con referencia a Pablo.

¿Cuándo se escribió Filemón?

Esta es una de las Epístolas desde la prisión de Pablo. Por lo que, junto con Colosenses, Efesios y Filipenses, se escribió entre los años 60 y 62 d. C., aunque algunos eruditos la fechan antes, en los años cincuenta d. C., durante uno de los otros encarcelamientos de Pablo.

¿Por qué le escribió Pablo a Filemón?

Uno de los esclavos de Filemón, Onésimo, había dejado a Filemón en Colosas y se había encontrado con Pablo en Roma (aunque no se nos dice cómo), donde se convirtió en creyente. Es posible que Onésimo le hubiera robado a Filemón cuando se marchó (Filemón 1:18-19). Esta carta es la súplica que Pablo le hace a Filemón para que reciba a Onésimo de vuelta sin castigo: «Él ya no es como un esclavo para ti. Es más que un esclavo, es un hermano amado» (Filemón 1:16). Pablo considera tanto a Onésimo como a Filemón hermanos en Cristo y, por lo tanto, los llama a una visión más elevada de cómo deben relacionarse entre sí, a pesar de que sus condiciones sociales sean muy diferentes.

Onésimo

Al leer esta Epístola, es importante observar que el tipo de esclavitud de la época de Pablo no era el mismo que la esclavitud colonial de muchos siglos después, en la que a menudo pensamos hoy en día. Si bien es cierto que había explotación y abuso de los esclavos (ver 1 Pedro 2:18-20), muchos esclavos eran demasiado importantes como para maltratarlos. Los esclavos podían poseer propiedades, administrar grandes hogares o negocios. Con suficiente dinero, podían comprar su libertad e incluso la ciudadanía romana.

¿Cuál es el mensaje de Pablo a Filemón?

La reconciliación en Cristo: Aunque los niveles sociales y financieros de Filemón y Onésimo eran radicalmente diferentes, el evangelio podía unir a esos dos hombres como hermanos en Cristo. Pablo estaba seguro de que Onésimo se había convertido en un seguidor de Cristo, por lo que eso convirtió a Pablo, Onésimo y Filemón en compañeros en el evangelio (Filemón 1:17). ¡Eso lo cambiaba todo para Pablo!

Versículos clave

> Onésimo no fue de mucha ayuda para ti en el pasado, pero ahora nos es muy útil a los dos. Te lo envío de vuelta, y con él va mi propio corazón.
>
> FILEMÓN 1:11-12

> Parece que perdiste a Onésimo por un corto tiempo para que ahora pudieras tenerlo de regreso para siempre. Él ya no es como un esclavo para ti. Es más que un esclavo, es un hermano amado, especialmente para mí. Ahora será de más valor para ti, como persona y como hermano en el Señor.
>
> FILEMÓN 1:15-16

Contribución a las Escrituras

Filemón muestra hasta dónde quiere llegar Dios con su evangelio. El evangelio no es para quienes son iguales a los ojos del mundo, o para quienes pueden retribuirse los unos a los otros. Es para quienes viven en niveles sociales y económicos completamente diferentes. Para esas personas, dice el apóstol Pablo sin vacilar, el evangelio debe reconciliar a hermano con hermano.

Más que Filemón

Aunque lleva el nombre de Filemón, esta carta se escribió a más personas que solo a Filemón. Se dirige primero a Filemón; luego también se dirige «a nuestra hermana Apia, a Arquipo, nuestro compañero en la lucha, y a la iglesia que se reúne en [su] casa» (Filemón 1:1-2). Apia y Arquipo podrían haber sido la esposa y el hijo de Filemón, o pudieron haber sido su hermana y un líder de la iglesia que se reunía en la casa de Filemón. Incluso, una carta personal tan corta de Pablo como esta se escribió con la intención de beneficiar a toda la iglesia, como lo ha hecho durante siglos para los lectores del Nuevo Testamento desde entonces.

CAPÍTULO 4

Epístolas generales y Apocalipsis

HEBREOS

Hacia la segunda mitad del primer siglo, la iglesia se enfrentaba a un ataque de persecución y necesitaba ánimo para perseverar. El libro de Hebreos está saturado de pasajes y promesas del Antiguo Testamento, con ello muestra cómo Cristo las cumple todas, así les da a los creyentes la esperanza de que pueden soportar sus sufrimientos presentes.

¿Quién escribió Hebreos y quién la leyó?

La Epístola recibe su nombre de «Hebreos» por la tradición de la iglesia de que se escribió a los cristianos judíos. Sin embargo, la carta no identifica ni al autor ni a los destinatarios. No obstante, todavía hay mucho que podemos averiguar acerca de ellos: el autor está familiarizado con las circunstancias de sus lectores (Hebreos 10:32-34; 13:18-19); él y ellos comparten preocupaciones comunes en cuanto al encarcelamiento de compañeros (Hebreos 13:3); él y ellos conocen a Timoteo (Hebreos 13:23); además, por las ricas y complejas referencias de la carta al Antiguo Testamento, podemos ver que conocían bien sus Escrituras.

La fe demuestra la realidad de lo que esperamos; es la evidencia de las cosas que no podemos ver. Por su fe, la gente de antaño gozó de una buena reputación.

Hebreos 11:1-2

¿Cuándo se escribió Hebreos?

La mayoría de los eruditos creen que la Epístola se escribió antes de la destrucción del templo de Jerusalén en el año 70 d. C., porque el autor apela a los sacrificios del templo como si esos sacrificios todavía se llevaran a cabo (Hebreos 7–10, 13). La mención de Timoteo (Hebreos 13:23) también sugiere una fecha anterior al año 70 d. C., en algún momento de los años sesenta d. C.

¿Por qué se escribió Hebreos?

La persecución es la razón más clara para la redacción de esta carta. En repetidas ocasiones, el escritor anima a sus lectores a mantenerse firmes en Cristo y a no apartarse de él (Hebreos 2:1-4; 3:7–4:13; 10:19-39). Además, como se ve en las Epístolas pastorales de Pablo, las cuales se escribieron alrededor de la misma época, los falsos maestros se estaban infiltrando en la iglesia (capítulo 13).

¿Cuál es el mensaje de Hebreos?

La superioridad de Cristo: En los primeros diez capítulos, el escritor utiliza el Antiguo Testamento para presentar el argumento de que Jesús es mayor que la ley mosaica, que el mismo Moisés, que los ángeles y el sistema de sacrificios. Jesús es el sumo sacerdote perfecto que hizo el sacrificio una vez y para siempre (Hebreos 10:1-18). En Jesús se encuentra la meta del Antiguo Testamento.

La perseverancia: Debido a quién es Jesús, los creyentes pueden soportar sus sufrimientos presentes (Hebreos 10–12). De hecho, según el «Salón de la fe» del capítulo 11 y la «multitud de testigos» de Hebreos 12:1, los cristianos tienen muchos ejemplos de perseverancia en medio de las dificultades. Además, tienen un equipo de animadores.

Versículos clave

> Bajo el antiguo pacto, el sacerdote oficia de pie delante del altar día tras día, ofreciendo los mismos sacrificios una y otra vez, los cuales nunca pueden quitar los pecados; pero nuestro Sumo Sacerdote se ofreció a sí mismo a Dios como un solo sacrificio por los pecados, válido para siempre. Luego se sentó en el lugar de honor, a la derecha de Dios.
>
> HEBREOS 10:11-12

> Por lo tanto, ya que estamos rodeados por una enorme multitud de testigos de la vida de fe, quitémonos todo peso que nos impida correr, especialmente el pecado que tan fácilmente nos hace tropezar. Y corramos con perseverancia la carrera que Dios nos ha puesto por delante. Esto lo hacemos al fijar la mirada en Jesús, el campeón que inicia y perfecciona nuestra fe.
>
> HEBREOS 12:1-2

Contribución a las Escrituras

Escrita más como un sermón que como una carta, Hebreos es única entre los libros del Nuevo Testamento tanto por sus detallados argumentos basados en el Antiguo Testamento como por su estilo y estructura. Lo más importante es que expone que los aspectos principales del Antiguo Testamento apuntan todos a Jesús y a su sacrificio supremo por el pecado.

El salón de la fe

HEBREOS 11	LA FE DE ELLOS	ANTIGUO TESTAMENTO
Abel v. 4	Por la fe le presentó a Dios una ofrenda más aceptable que la que presentó Caín.	Génesis 4:2-10
Enoc vv. 5-6	Por la fe agradaba a Dios y fue llevado ante él, sin morir.	Génesis 5:21-24
Noé v. 7	Por la fe construyó un gran barco.	Génesis 6:9-22
Abraham y Sara vv. 8-19	Por la fe siguieron a Dios y creyeron en la promesa que Dios les hizo de un hijo. También por la fe Abraham obedeció a Dios para ofrecer a ese hijo en sacrificio como ofrenda quemada.	Génesis 12:1-5; 21:1-7; 22:1-19
Isaac v. 20	Por la fe bendijo el futuro de sus hijos.	Génesis 27:1-40
Jacob v. 21	Por la fe bendijo a cada uno de los hijos de José.	Génesis 47:31–48:20
José v. 22	Por fe habló proféticamente del éxodo de Egipto.	Génesis 50:24-25
Los padres de Moisés v. 23	Por la fe protegieron a Moisés cuando era bebé.	Éxodo 2:1-10
Moisés vv. 24-29	Por la fe escogió ser maltratado con el pueblo de Dios y ordenó que se celebrara la primera Pascua.	Éxodo 2:11-15; 12:1-30
Rahab v. 31	Por la fe resguardó a los espías israelitas.	Josué 2:1-24; 6:16-17, 22-25
Gedeón, Barac, Sansón, Jefté, David, Samuel y todos los profetas vv. 32-38	Por la fe enfrentaron desafíos extremos y persecución, no obstante, lograron grandes victorias.	Jueces 6:11–8:35 4:1–5:15 13:1–16:31 11:1–12:7 2 Samuel 2:1-4; 5:1-12 1 Samuel 7:3-17

SANTIAGO

La Epístola de Santiago se escribió a los cristianos para explicarles que, una vez ya han puesto su fe en Jesús, esa fe, la cual es una fe viva y verdadera, los conduce a una vida de buenas obras.

Santiago el Justo

¿Quién escribió Santiago?

Se cree que el «Santiago» a quien se identifica como el autor en el primer versículo es el hermano de Jesús (Mateo 13:55), como lo demuestra una larga tradición cristiana. Aunque Santiago no era uno de los doce discípulos, pronto se convirtió en uno de los líderes más influyentes de la iglesia de Jerusalén (Hechos 15:13).

¿Cuándo se escribió Santiago?

Es difícil de fechar esta carta, sin embargo, debido a que sabemos que Santiago sufrió el martirio alrededor del año 62 d. C., por lo menos podemos establecer su fecha antes de ese suceso. Algunos eruditos ubican la redacción de Santiago hacia finales de los años cuarenta d. C., ya que la carta no menciona el concilio de Jerusalén (Hechos 15; 49 d. C.). Eso convierte a Santiago en la más antigua de las Epístolas del Nuevo Testamento.

¿A quién se escribió Santiago?

La carta se dirige «a las "doce tribus": los creyentes judíos que están dispersos por el mundo» (Santiago 1:1), lo cual indica que Santiago les escribió a los cristianos judíos que vivían fuera de la tierra de Israel, aunque no se dan más detalles.

¿Por qué se escribió Santiago?

Al parecer, la audiencia de Santiago enfrentaba presiones sociales y persecución; además, le costaba entender la relación entre la fe y las obras.

¿Cuál es el mensaje de Santiago?

La fe y las obras: El tema clave de esta Epístola es la relación entre la fe y las obras. Quienes oyen la Palabra de Dios también deben hacer lo que ella dice. La fe cobra vida con las buenas obras (Santiago 2:14-27).

Las pruebas de la fe: Durante las pruebas de la fe, la fe genuina se deja ver en la forma en que los creyentes se comportan con respecto a la perseverancia, el favoritismo, la forma de hablar, la humildad, las peleas, la arrogancia, el egoísmo, el sufrimiento y la oración.

Versículos clave

> No solo escuchen la palabra de Dios; tienen que ponerla en práctica. De lo contrario, solamente se engañan a sí mismos.
>
> SANTIAGO 1:22

> Sin embargo, la sabiduría que proviene del cielo es, ante todo, pura y también ama la paz; siempre es amable y dispuesta a ceder ante los demás. Está llena de compasión y del fruto de buenas acciones. No muestra favoritismo y siempre es sincera.
>
> SANTIAGO 3:17

Contribución a las Escrituras

¿Qué sigue después de que una persona decide depositar su fe en Jesús? La Epístola de Santiago es única en la forma en que responde a esta pregunta. Él explica de manera práctica cómo es la fe viva. Ese tipo de fe debe generar buenas obras que pongan a los demás en primer lugar.

Santiago y el Sermón del monte

Los temas de la Epístola de Santiago revelan cuánto escuchó Santiago a su hermano Jesús. Podemos ver que Santiago hace eco de las enseñanzas de Jesús, sobre todo las del Sermón del monte (Mateo 5–7).

JESÚS	SANTIAGO
«Dios bendice a los que son pobres en espíritu» (Mateo 5:3).	«¿No eligió Dios a los pobres?» (Santiago 2:5).
«Dios bendice a los que lloran» (Mateo 5:4).	«Derramen lágrimas por lo que han hecho. Que haya lamento y profundo dolor. Que haya llanto en lugar de risa» (Santiago 4:9).
«Dios bendice a los compasivos» (Mateo 5:7).	«No habrá compasión para quienes no hayan tenido compasión de otros» (Santiago 2:13).
«Dios bendice a los que procuran la paz» (Mateo 5:9).	«Y los que procuran la paz sembrarán semillas de paz y recogerán una cosecha de justicia» (Santiago 3:18).
«Cuando la gente les hace burla y los persigue [...] ¡Alégrense! ¡Estén contentos!» (Mateo 5:11-12).	«Cuando tengan que enfrentar cualquier tipo de problemas, considérenlo como un tiempo para alegrarse mucho» (Santiago 1:2).
«No almacenes tesoros aquí en la tierra, donde las polillas se los comen y el óxido los destruye» (Mateo 6:19).	«Su riqueza se está pudriendo, y su ropa fina son trapos carcomidos por polillas» (Santiago 5:2).
«Nadie puede servir a dos amos» (Mateo 6:24).	«La amistad con el mundo los convierte en enemigos de Dios» (Santiago 4:4).
«No se preocupen por el mañana» (Mateo 6:34).	«¿Cómo saben qué será de su vida el día de mañana?» (Santiago 4:14).
«No juzguen a los demás» (Mateo 7:1).	«¿Qué derecho tienes tú para juzgar a tu prójimo?» (Santiago 4:12).
«Su Padre celestial dará buenos regalos a quienes le pidan» (Mateo 7:11).	«Todo lo que es bueno y perfecto es un regalo que desciende a nosotros de parte de Dios nuestro Padre» (Santiago 1:17).
«Puedes identificarlos por su fruto, es decir, por la manera en que se comportan» (Mateo 7:16).	«¿Acaso una higuera puede dar aceitunas o una vid, higos?» (Santiago 3:12).

1 PEDRO

Esta primera Epístola de Pedro anima a los cristianos que enfrentan persecución. Pedro insta a sus lectores a mirar hacia atrás, al sufrimiento de Cristo, así como a mirar hacia adelante, a su esperanza en el regreso de Cristo.

¿Quién escribió 1 Pedro?

Hasta los tiempos modernos, se creía sin discusión que el apóstol Pedro era el autor. Debido a que 1 Pedro se escribió con un griego muy pulido y Pedro había sido pescador, algunos eruditos recientes han dudado de que Pedro haya podido escribir semejante carta. Sin embargo, esa sospecha descarta con demasiada rapidez las habilidades de Pedro. (Habían pasado unos treinta años desde que Pedro había dejado su barco de pesca para seguir a Jesús). También es posible que Silas haya servido como secretario de Pedro para redactar esta carta y que la haya escrito con un griego avanzado (1 Pedro 5:12).

¿Cuándo se escribió 1 Pedro?

La Epístola se escribió a mediados de los años sesenta d. C., posiblemente en el 64 d. C., o unos pocos años antes. El régimen del emperador Nerón (54–68 d. C.) provocó una intensa persecución en contra de la iglesia, lo cual se alinea con el mensaje de esta carta en cuanto al sufrimiento.

¿A quién se escribió 1 Pedro?

En el primer versículo, la carta se dirige «a los elegidos por Dios que viven como extranjeros en las provincias de Ponto, Galacia, Capadocia, Asia y Bitinia». Esas regiones cubren una gran área de la actual Turquía.

¿Por qué se escribió 1 Pedro?

La razón principal de la carta era dar aliento pastoral a quienes enfrentaban situaciones de vida o muerte debido a su fe en Jesucristo. En cada capítulo, Pedro se dirige a sus destinatarios con la esperanza de la salvación en Jesucristo en un mundo que es malo. Deja claro su mensaje en 1 Pedro 4:12–5:11 con un mensaje pastoral de perseverancia.

¿Cuál es el mensaje de 1 Pedro?

La santidad: Pedro quiere que sus lectores entiendan que no es un error que el mundo no se identifique con ellos, ni apoye su santidad en Jesucristo. Pedro explica que, más bien, son exiliados en este mundo; sin embargo, pueden tener esperanza de una herencia imperecedera de Dios (1 Pedro 1:13–2:12).

El sufrimiento: Los creyentes pueden glorificar a Dios en la forma en que se comportan durante las dificultades. En los capítulos finales de la Epístola, Pedro trata acerca de la vida familiar y comunitaria, del pastoreo de la iglesia local y de lo que significa sufrir fielmente. Dice que aquellos que sufren deben confiarle sus almas al fiel Creador (1 Pedro 4:19).

Versículos clave

> Pero ustedes no son así porque son un pueblo elegido. Son sacerdotes del Rey, una nación santa, posesión exclusiva de Dios. Por eso pueden mostrar a otros la bondad de Dios, pues él los ha llamado a salir de la oscuridad y entrar en su luz maravillosa.
>
> 1 PEDRO 2:9

> En cambio, alégrense mucho, porque estas pruebas los hacen ser partícipes con Cristo de su sufrimiento, para que tengan la inmensa alegría de ver su gloria cuando sea revelada a todo el mundo.
>
> 1 PEDRO 4:13

> Así que humíllense ante el gran poder de Dios y, a su debido tiempo, él los levantará con honor. Pongan todas sus preocupaciones y ansiedades en las manos de Dios, porque él cuida de ustedes.
>
> 1 PEDRO 5:6-7

Contribución a las Escrituras

Con esta carta, una de las dos únicas Epístolas de Pedro, obtenemos una visión de las enseñanzas de uno de los discípulos más cercanos de Jesús y, aparte de Pablo, quizás el líder más influyente de la iglesia primitiva. Pedro había sufrido mucho por causa de Cristo y escribió esta carta apenas unos cuantos años antes de que sufriera el martirio por su fe. Su perspectiva acerca de la vida santa y de aferrarse a la esperanza, sin importar lo que el mundo nos depare, ha sido un estímulo para los cristianos a lo largo de los siglos.

2 PEDRO

Segunda de Pedro es la última correspondencia que tenemos de Pedro antes de que lo ejecutaran por su fe. Aunque en esta carta Pedro escribe de nuevo sobre vivir fielmente como el pueblo escogido de Dios durante el sufrimiento, en 2 Pedro su énfasis es mayor en cuanto a los falsos maestros y la segunda venida de Cristo.

¿Quién escribió 2 Pedro?

Pedro se presenta como «Yo, Simón Pedro, esclavo y apóstol de Jesucristo» (2 Pedro 1:1). El autor dice que estuvo en la transfiguración de Jesús y por los Evangelios nos enteramos de que los tres discípulos presentes en dicho evento fueron Pedro, Santiago y Juan (2 Pedro 1:16-18; Mateo 17:1-13). Esta segunda carta de Pedro se escribió en un griego más sencillo que el de 1 Pedro. Sin embargo, es posible que Pedro haya utilizado un secretario para escribir una de sus cartas o para ambas, lo cual explicaría la diferencia de estilo entre ambas.

¿Cuándo se escribió 2 Pedro?

Se cree que Pedro escribió su segunda carta poco después de la primera, alrededor del año 64 d. C., aunque algunos eruditos sitúan la fecha de la escritura en el año 67 d. C. Al igual que su primera carta, Pedro escribió durante una época de persecución, es posible que desde Roma, a la espera de su ejecución, la cual ocurrió cerca del año 68 d. C. (2 Pedro 1:14).

¿A quién se escribió 2 Pedro?

Segunda de Pedro se dirige «a ustedes, que gozan de la misma preciosa fe que tenemos» (2 Pedro 1:1). Si 2 Pedro es una carta de seguimiento a 1 Pedro, Pedro les escribe a los cristianos de las mismas regiones del Asia Menor que especifica en su primera carta (ver 2 Pedro 3:1).

¿Por qué se escribió 2 Pedro?

Antes de que Pedro sufriera el martirio, él trató de animar a otros creyentes como él en su llamado de Dios y advertirles también sobre los falsos maestros. Pedro los previene de que en esos falsos maestros no van a encontrar vida ni esperanza, sino solo condenación. Los cristianos no deben ser impacientes, sino esperar y confiar en el tiempo de Dios para el regreso de Jesús.

¿Cuál es el mensaje de 2 Pedro?

El llamado de los creyentes: Dios ha elegido a sus creyentes y de ese llamado brotan la piedad y los buenos frutos (2 Pedro 1:5-11). A medida que los cristianos enfrentan circunstancias difíciles, necesitan arraigarse con firmeza en la verdad, la cual se ha confirmado en la palabra profética de Dios (2 Pedro 1:12-21).

Los falsos maestros: Pedro les advierte sobre los falsos maestros, y les da los parámetros para evaluarlos (2 Pedro 2:1-22). Esos maestros son peligrosos y nadie debe confiar en ellos, ya que su camino lleva a la perdición.

El regreso de Cristo: La certeza en la segunda venida de Jesús es fundamental para el mensaje de aliento de Pedro. Debido a que Jesús regresará, los cristianos deben vivir en santidad y esperar con paciencia el tiempo de Dios con confianza en sus promesas, con el entendimiento de que Dios es paciente con aquellos que deben arrepentirse (2 Pedro 3:8-13).

Versículos clave

> Mediante su divino poder, Dios nos ha dado todo lo que necesitamos para llevar una vida de rectitud. Todo esto lo recibimos al llegar a conocer a aquel que nos llamó por medio de su maravillosa gloria y excelencia.
>
> 2 PEDRO 1:3

> Sin embargo, queridos amigos, hay algo que no deben olvidar: para el Señor, un día es como mil años y mil años son como un día. En realidad, no es que el Señor sea lento para cumplir su promesa, como algunos piensan. Al contrario, es paciente por amor a ustedes. No quiere que nadie sea destruido; quiere que todos se arrepientan.
>
> 2 PEDRO 3:8-9

Contribución a las Escrituras

En 2 Pedro se nos abre una ventana para entender la razón por la cual los cristianos que enfrentan persecución pueden resistirla, al vivir vidas santas y rechazar las falsas enseñanzas. El regreso del Señor y la esperanza en su fidelidad a sus promesas es a lo que los creyentes acuden para confiar en que un día «Dios les dará un gran recibimiento en el reino eterno de nuestro Señor y Salvador Jesucristo» (2 Pedro 1:11).

1 JUAN

Si bien el tema del amor aparece en las tres Epístolas de Juan, satura por completo su primera carta. Debido al amor de Dios, los creyentes están llamados a amarse los unos a los otros, no solo de palabra, sino también de hecho.

¿Quién escribió 1 Juan?

A diferencia de muchas otras Epístolas, el autor de 1 Juan no se identifica en el inicio. Desde los primeros días del cristianismo, se decía que Juan, hijo de Zebedeo, el discípulo amado, era el escritor de las tres Epístolas que llevan su nombre. El argumento más convincente a favor de la autoría de Juan es que el estilo y el vocabulario de las tres cartas son notablemente parecidos al Evangelio de Juan.

El apóstol Juan escribió tres cartas que resuenan con un mensaje: quienes son perdonados y creen en Jesucristo deben caminar en la verdad y el amor, así como resistir a quienes tratan de introducir falsas enseñanzas en la iglesia.

¿Cuándo se escribió 1 Juan?

Las tres cartas de Juan se encuentran entre algunas de las últimas Epístolas del Nuevo Testamento. Se cree que Juan escribió sus Epístolas tarde en su vida, posiblemente desde Éfeso. Aunque no sabemos ni cuál de estas cartas escribió Juan primero ni los años exacto, los eruditos estiman que se escribieron alrededor de los años 85–95 d. C.

¿A quién se escribió 1 Juan?

Primera de Juan no especifica quiénes eran sus destinatarios; sin embargo, por la carta podemos deducir que Juan conocía bien a sus lectores, por lo que probablemente eran congregaciones de Asia Menor en las que Juan ministraba. Es posible que entre los destinatarios se encontraran las siete iglesias del Asia Menor a las que se refiere en Apocalipsis.

¿Por qué se escribió 1 Juan?

Varias veces en la carta, Juan afirma: «Les escribo para que...», para dar sus razones para la Epístola. Escribe para que

- su alegría sea plena (1 Juan 1:4),
- los creyentes no pequen (1 Juan 2:1),
- permanezcan fuertes (1 Juan 2:12-14), y
- sepan que tienen vida eterna (1 Juan 5:13).

Juan quiere que la iglesia permanezca arraigada en su fe y amor, en especial porque los falsos profetas que negaban la enseñanza central de la humanidad de Cristo intentaban descarriar a algunos cristianos (1 Juan 2:26; 4:1-3).

¿Cuál es el mensaje de 1 Juan?

La relación con Dios: Los creyentes conocen a Dios y su amor por medio de Cristo, tienen perdón de pecados y el Espíritu y la Palabra de Dios moran en ellos (1 Juan 1:5-10; 2:13-14, 24-27; 4:6-19).

El amor: El amor de Dios produce amor mutuo y buenas obras (1 Juan 3:11-24; 4:7-21). La creencia en Jesús produce amor por los demás creyentes y es prueba de haber nacido de nuevo y de amar y conocer a Dios (1 Juan 4:7-12).

La encarnación de Cristo: Como los falsos profetas descarriaban a algunos cristianos al negar la humanidad de Cristo, Juan afirma enérgicamente que reconocer que Jesús vino «en un cuerpo humano» (1 Juan 4:2) es una prueba para saber si una enseñanza proviene del Espíritu de Dios (1 Juan 4:1-6; 5:6-8).

Versículos clave

> Pero si confesamos nuestros pecados a Dios, él es fiel y justo para perdonarnos nuestros pecados y limpiarnos de toda maldad.
>
> 1 JUAN 1:9

> Queridos hijos, que nuestro amor no quede solo en palabras; mostremos la verdad por medio de nuestras acciones.
>
> 1 JUAN 3:18

> Esta es la manera en que sabremos si tienen o no el Espíritu de Dios: si una persona que afirma ser profeta reconoce que Jesucristo vino en un cuerpo humano, esa persona tiene el Espíritu de Dios.
>
> 1 JUAN 4:2

> Queridos amigos, sigamos amándonos unos a otros, porque el amor viene de Dios. Todo el que ama es un hijo de Dios y conoce a Dios.
>
> 1 JUAN 4:7

Contribución a las Escrituras

Para Juan, el amor a Dios y el amor mutuo son esenciales para permanecer arraigados en la fe. Juan insiste en la necesidad de amar, en que el origen del amor es Dios y en la importancia de tener cuidado con quienes enseñan lo contrario; es decir, que esa clase de relación de amor solo es posible por medio del Hijo de Dios encarnado.

2 JUAN

La segunda carta de Juan es una mezcla de aliento y advertencias. En esta breve carta, el autor elogia a los cristianos por andar en la verdad y el amor, y les advierte sobre los falsos maestros.

¿Quién escribió 2 Juan?

El autor se refiere a sí mismo solo como «el anciano» (2 Juan 1:1). El estilo de escritura y el vocabulario de 2 Juan son tan similares a los otros escritos de Juan que hay pocas dudas sobre la autoría de Juan.

¿Cuándo se escribió 2 Juan?

Al igual que con 1 y 3 Juan, esta Epístola probablemente se escribió desde Éfeso, alrededor de los años 85–95 d. C.

¿A quién se escribió 2 Juan?

La carta se dirige «a la señora elegida y a sus hijos» (2 Juan 1:1). Probablemente se trata de una metáfora de la iglesia, ya que parece que Juan escribe a los cristianos en general y no necesariamente a una persona específica. Los otros escritos de Juan describen a la iglesia como una novia (Apocalipsis 21:2; 22:17) y, con frecuencia, se refiere a los creyentes como hijos (1 Juan 2:1; 3 Juan 1:4). Al igual que con 1 Juan, es probable que las iglesias que recibieron esta segunda carta fueran iglesias del Asia Menor.

¿Por qué se escribió 2 Juan?

Algunos predicadores itinerantes o «engañadores», como Juan los llama (2 Juan 1:7), llegaban a los hogares cristianos y enseñaban que Jesús no vino en un cuerpo humano, sino que simplemente parecía que tenía una existencia corporal.

¿Cuál es el mensaje de 2 Juan?

El amor: En el corazón de la iglesia debe estar el amor mutuo.

La verdad: Vivir según la verdad significa no dejarse engañar por los falsos maestros. No hay que recibir en los hogares cristianos a quienes promueven falsedades, tal como que Jesús no era completamente humano, porque hacerlo significa participar «de sus malas acciones» (2 Juan 1:11).

Versículos clave

> Les escribo para recordarles, queridos amigos, que nos amemos unos a otros. Este mandamiento no es nuevo, sino que lo hemos tenido desde el principio. El amor consiste en hacer lo que Dios nos ha ordenado, y él nos ha ordenado que nos amemos unos a otros, tal como ustedes lo oyeron desde el principio.
>
> 2 JUAN 1:5-6

Contribución a las Escrituras

La segunda Epístola de Juan nos muestra que los apóstoles de la iglesia primitiva, al igual que Juan, enseñaban que Jesucristo era el Hijo de Dios y a la vez plenamente humano. Sin embargo, incluso en el primer siglo, los falsos maestros trataron de infiltrarse en la iglesia y negar la encarnación de Cristo.

Desde el punto de vista de Juan, el amor y la verdad van de la mano porque el amor se caracteriza por vivir en obediencia a los mandamientos de Dios; esos mandamientos son la verdad.

3 JUAN

Esta tercera carta de Juan es la Epístola más corta del Nuevo Testamento. Es una carta breve y personal a un hombre llamado Gayo, en la que lo elogia por su fidelidad a la verdad y su amor por otros creyentes como él.

¿Quién escribió 3 Juan?

Al igual que en 2 Juan, el autor se identifica simplemente como «el anciano» (3 Juan 1:1), no obstante, la carta es tan parecida a los escritos de Juan que, durante mucho tiempo, el autor indiscutible de esta Epístola ha sido Juan.

¿Cuándo se escribió 3 Juan?

Así como Filemón fue la carta personal de Pablo que se envió junto con su carta a los colosenses, 3 Juan pudo haber sido la carta personal de Juan que se entregó junto con una o ambas de sus otras dos Epístolas (85–95 d. C.).

¿A quién se escribió 3 Juan?

Si bien hay varios hombres llamados Gayo (un nombre romano común) que se mencionan en el Nuevo Testamento (Hechos 19:29; 20:4; Romanos 16:23; 1 Corintios 1:14), no se sabe con certeza si el Gayo a quien Juan se dirige en 3 Juan era uno de esos hombres o, lo más probable, una persona por completo distinta. En 3 Juan vemos que Gayo era un líder de la iglesia, muy conocido y respetado.

¿Por qué se escribió 3 Juan?

Parece que había una lucha de poder en la iglesia. Un hombre llamado Diótrefes estaba difundiendo mentiras acerca de Juan y otros creyentes, en tanto que Gayo caminaba fielmente en la verdad. Al final de la carta, Juan expresa su deseo de reunirse con Gayo cara a cara y de hablar más en esa ocasión.

¿Cuál es el mensaje de 3 Juan?

La hospitalidad: Mientras que en su segunda carta Juan exhorta expresamente a que no se reciba ni se apoye a los falsos maestros, en esta tercera carta enfatiza la importancia de ser hospitalarios y trabajar con los misioneros de la verdad (3 Juan 1:8).

Las buenas acciones: Al igual que en sus otros escritos, Juan deja claro en esta Epístola que las acciones de las personas revelan si realmente conocen a Dios o no (3 Juan 1:11).

Versículos clave

> Por lo tanto, somos nosotros los que debemos apoyarlos y así ser sus colaboradores cuando enseñan la verdad.
>
> 3 JUAN 1:8

> Querido amigo, no te dejes influir por ese mal ejemplo. Imita solamente lo bueno. Recuerda que los que hacen lo bueno demuestran que son hijos de Dios, y los que hacen lo malo demuestran que no conocen a Dios.
>
> 3 JUAN 1:11

Contribución a las Escrituras

Esta breve Epístola sirve de recordatorio a los creyentes de que permanezcan fieles a la verdad, que unifiquen la iglesia con amor y apoyo mutuo y que rechacen todas las formas de malas acciones.

JUDAS

La Epístola de Judas es una exhortación contundente a evitar la falsa doctrina y a no permitir que los falsos maestros se introduzcan en la iglesia para corromperla.

¿Quién escribió Judas?

El autor es Judas, hermano de Santiago y Jesús, a quien se menciona en los Evangelios (Mateo 13:55; Marcos 6:3). Desde los primeros días de la iglesia, se ha aceptado a Judas como el autor.

¿Cuándo se escribió Judas?

Las circunstancias de esta carta tienen algunas similitudes con 2 Pedro, lo que ha llevado a algunos a creer que estas Epístolas se escribieron casi al mismo tiempo en los años sesenta d. C. Sin embargo, la fecha exacta de Judas es difícil de determinar, por lo que otros eruditos sitúan la redacción de Judas en una fecha tan tardía como en los años ochenta d. C.

¿A quién se escribió Judas?

Si bien la carta está dirigida concretamente «a todos los que han sido llamados» (Judas 1:1), el amplio uso que hace Judas del Antiguo Testamento sugiere que escribió a cristianos judíos, aunque el contenido de la carta también podría aplicarse muy bien a una audiencia gentil.

¿Por qué se escribió Judas?

Las advertencias acerca de las falsas enseñanzas ocupan un lugar central en esta Epístola. Judas menciona al principio: «Me doy cuenta de que debo escribirles», para instar a sus lectores a luchar por la fe porque algunos falsos maestros en la iglesia habían usado la gracia de Dios, su regalo gratuito del perdón, como una licencia para la inmoralidad (Judas 1:3-4).

¿Cuál es el mensaje de Judas?

El juicio de los falsos maestros: Judas insta enérgicamente a sus lectores a perseverar y tener la seguridad de que los falsos maestros que propagan la iniquidad enfrentarán el juicio, así como los malhechores en el pasado habían recibido el castigo de Dios.

El contender por la fe: En contraste con las falsas enseñanzas, Judas apela a sus lectores a perseverar en su fe al recordarles las palabras de los apóstoles. Concluye su Epístola con una declaración de la fe (una doxología) acerca del poder y la unidad de Dios y Jesús.

Versículos clave

> Pero ustedes, queridos amigos, deben edificarse unos a otros en su más santísima fe, orar en el poder del Espíritu Santo y esperar la misericordia de nuestro Señor Jesucristo, quien les dará vida eterna. De esta manera, se mantendrán seguros en el amor de Dios.
>
> JUDAS 1:20-21

> Y ahora, que toda la gloria sea para Dios, quien es poderoso para evitar que caigan, y para llevarlos sin mancha y con gran alegría a su gloriosa presencia. Que toda la gloria sea para él, quien es el único Dios, nuestro Salvador por medio de Jesucristo nuestro Señor. ¡Toda la gloria, la majestad, el poder y la autoridad le pertenecen a él desde antes de todos los tiempos, en el presente y por toda la eternidad! Amén.
>
> JUDAS 1:24-25

Las citas extrañas de Judas

Judas cita al arcángel Miguel y a Enoc (Judas 1:9, 14-15). ¿De dónde sacó esas citas inusuales? Es posible que las haya obtenido de la tradición oral transmitida a través de los rabinos o, lo más probable, es que provengan de dos libros: *La asunción de Moisés* y *El libro de Enoc*. Esos dos libros no forman parte ni de la Biblia judía ni de la cristiana. Sin embargo, ayudan a los historiadores a comprender el tiempo transcurrido entre el Antiguo y el Nuevo Testamento. La cita que hace Judas de Miguel ya no existe (solo quedan fragmentos del manuscrito de *La asunción de Moisés*), pero su cita de Enoc se puede encontrar en Enoc 1:9.

Contribución a las Escrituras

La contribución única de Judas a las Escrituras es que utiliza ricas imágenes del Antiguo Testamento (y algunos escritos judíos no canónicos) para establecer un argumento contra los falsos maestros y para infundir confianza a los cristianos de que pueden luchar por la fe.

APOCALIPSIS

Apocalipsis se destaca como uno de los libros más singulares de toda la Biblia. Muchas veces, en el pasado y en el presente, se ha utilizado para evaluar las señales del fin de los tiempos. Sin embargo, ante todo, es un mensaje a siete iglesias acerca de la fidelidad en medio de las dificultades y acerca de la esperanza en la salvación.

¿Quién escribió Apocalipsis?

Aunque en el primer versículo se identifica a Juan como el escritor de Apocalipsis, lo que está escrito es «revelación de Jesucristo» (Apocalipsis 1:1). Apocalipsis y el Evangelio de Juan comparten algunos elementos comunes, lo que sugiere que la misma persona escribió ambos libros. No obstante, el estilo de escritura griego de Apocalipsis es distinto a los otros escritos de Juan, lo que ha llevado a algunos eruditos a concluir que otro Juan escribió Apocalipsis. Sin embargo, la autoría del apóstol Juan tiene una larga tradición en la historia de la iglesia, que los padres de la iglesia Justino Mártir, Ireneo y otros declararon desde el segundo siglo.

¿Cuándo se escribió Apocalipsis?

Algunos eruditos creen que Apocalipsis 11 predice la destrucción del templo de Jerusalén, lo que indicaría que el libro fue escrito antes del año 70 d. C., cuando los romanos destruyeron el templo. Sin embargo, la mayoría de los eruditos concluyen que Apocalipsis se escribió en los años 90 d. C., porque las ciudades de las siete iglesias y las circunstancias que se tratan en Apocalipsis corresponden más a la última década del primer siglo, cuando los cristianos se enfrentaron a la persecución bajo el emperador Domiciano.

¿A quién se escribió Apocalipsis?

Los destinatarios principales son siete iglesias de algunas ciudades del Asia Menor: Éfeso, Esmirna, Pérgamo, Tiatira, Sardis, Filadelfia y Laodicea. La audiencia más amplia del libro es todo el pueblo de Dios que escucha las palabras de Apocalipsis (Apocalipsis 22:18, 21).

¿Por qué se escribió Apocalipsis?

Al igual que muchas de las Epístolas más tardías del Nuevo Testamento, Apocalipsis se escribió a las iglesias que enfrentaban tanto los desafíos de la persecución como las falsas enseñanzas en la iglesia. La revelación que Jesús le dio a Juan tiene el propósito de fortalecer a los creyentes contra las tentaciones de seguir el camino de los falsos maestros o de diluir su fe al mezclar su religión con actitudes y comportamientos mundanos.

¿Cuál es el mensaje de Apocalipsis?

La victoria: Las visiones de Juan incluyen metáforas que sirven para asegurarle a la iglesia su salvación de los enemigos. El Cordero, los ángeles, las trompetas, las copas de la ira de Dios y el cielo nuevo y la tierra nueva ilustran que Dios tiene el control, así como un plan para rescatar a todo su pueblo.

La esperanza: Los dos últimos capítulos de este libro hablan de la esperanza que los creyentes tienen de un futuro venidero. Un día, cada creyente entrará al cielo nuevo y a la tierra nueva, donde Cristo es el sol radiante, y todos los creyentes lo adorarán perfectamente. No habrá más pecado, ni maldad, ni muerte, ni llanto. Allí estará la nueva y gran Jerusalén en todo su esplendor, donde el Señor reina para siempre.

Versículos clave

> ¡No tengas miedo! Yo soy el Primero y el Último. Yo soy el que vive. Estuve muerto, ¡pero mira! ¡Ahora estoy vivo por siempre y para siempre!
>
> APOCALIPSIS 1:17-18

> Irán juntos a la guerra contra el Cordero, pero el Cordero los derrotará porque él es el Señor de todos los señores y el Rey de todos los reyes. Y los que él ha llamado y elegido y le son fieles, estarán con él.
>
> APOCALIPSIS 17:14

> ¡Miren, el hogar de Dios ahora está entre su pueblo! Él vivirá con ellos, y ellos serán su pueblo. Dios mismo estará con ellos. Él les secará toda lágrima de los ojos, y no habrá más muerte ni tristeza ni llanto ni dolor. Todas esas cosas ya no existirán más.
>
> APOCALIPSIS 21:3-4

Contribución a las Escrituras

En Apocalipsis, la historia de la redención que Dios da a su pueblo y la condenación del mal se narra con un estilo apocalíptico. Con imágenes vívidas y evocadoras, el mensaje de Apocalipsis es para todos los cristianos que enfrentan dificultades, pues les da esperanza y seguridad de que Satanás terminará derrotado, del reino de Cristo y del cielo nuevo y la tierra nueva.

El Apocalipsis de Juan

Los escritos apocalípticos de la Biblia revelan los planes secretos de Dios por medio de visiones, símbolos e imágenes. La palabra *apocalipsis* proviene de una palabra griega que significa «revelar o «descubrir». Esta palabra que se encuentra en Apocalipsis 1:1 es la que se traduce en la mayoría de las Biblias en español como revelación. En los tiempos bíblicos, los escritos apocalípticos surgían, con frecuencia, a raíz de períodos de intenso sufrimiento y persecución. Esos escritos incluían no solo mensajes de juicio, sino también de esperanza de una restauración venidera. El libro de Ezequiel, muchas de las profecías de Daniel y el libro de Apocalipsis son apocalípticos.

CAPÍTULO 5

Quién es quién en las Epístolas

Alejandro

1 TIMOTEO 1:18-20; 2 TIMOTEO 4:14-15

Pablo disciplinó a ese metalúrgico de Éfeso por blasfemia. Sin embargo, Alejandro siguió haciendo el mal, de modo que perjudicó de manera significativa a Pablo con una fuerte oposición. Pablo le advirtió a Timoteo: «Cuídate de él» (2 Timoteo 4:15).

Andrónico y Junias

ROMANOS 16:7

Dos judíos de habla griega (posiblemente marido y mujer) a quienes Pablo saludó en su carta a los romanos. Como seguidores de Cristo incluso antes de que él lo fuera, Pablo observó que eran «muy respetados entre los apóstoles». Su servicio dedicado los llevó a que los encarcelaran junto con Pablo.

Andrónico y Junias

Anticristo (hombre de anarquía)

2 TESALONICENSES 2:3-12;
1 JUAN 2:18-23; 4:2-3; 2 JUAN 1:7

El Anticristo, a quien Pablo también llama «el hombre de anarquía» y «aquel que trae destrucción» (2 Tesalonicenses 2:3), proclamará que él es Dios y perseguirá al pueblo de Dios antes de sufrir una destrucción total cuando Jesús regrese. Juan también se refirió al anticristo, pero aplicó el término a cualquiera que «dice que Jesús no es el Cristo» (1 Juan 2:22).

Apia

FILEMÓN 1:2

Pablo la incluye en el saludo de la Epístola a Filemón: «A Filemón, [...] a nuestra hermana Apia». Pudo haber sido la esposa o la hermana de Filemón. La tradición eclesiástica dice que sufrió el martirio durante el reinado del emperador Nerón.

Apolos

1 CORINTIOS 1:12; 3:4-6, 21-23; 4:6; 16:12; TITO 3:13

Apolos era un judío erudito de Alejandría, Egipto. Aquila y Priscila lo conocieron en Éfeso, donde él predicaba acerca de Jesús. Una vez que llenaron sus lagunas en el conocimiento del «camino de Dios» (Hechos 18:26), Apolos pasó a ser misionero en la provincia romana de Acaya y ayudó a supervisar la iglesia que Pablo había fundado en Corinto, capital de la provincia (Hechos 18:27; 19:1). Un grupo divisionista se formó en torno al liderazgo de Apolos, asunto que el apóstol Pablo aborda en 1 Corintios. Apolos salió de Corinto por un tiempo —quizás para evitar las divisiones—, pero finalmente regresó a petición de Pablo.

Aquila

Ver *Priscila y Aquila.*

Aristarco

COLOSENSES 4:10; FILEMÓN 1:23-24

Fue uno de los compañeros de viaje de Pablo desde Tesalónica, a quien la turba de Éfeso que se amotinó en nombre de la diosa Artemisa capturó junto con Gayo (Hechos 19:23-41). Aristarco se fue con Pablo a Macedonia y Troas después de los disturbios y, más adelante, acompañó a Pablo a Roma. Pablo menciona los saludos de Aristarco en su carta a Filemón y también a los colosenses y dice que «está en la cárcel conmigo» (Colosenses 4:10). Según la tradición eclesiástica, sufrió el martirio en Roma durante la persecución de Nerón.

Aristarco de Tesalónica

Arquipo

COLOSENSES 4:17; FILEMÓN 1:2

Posiblemente era hijo de Filemón o un líder de la iglesia que se reunía en la casa de Filemón en Colosas. Junto con Apia, Pablo incluye a Arquipo como destinatario de su carta a Filemón, llamándolo «compañero en la lucha». En su carta a los colosenses, Pablo insta a Arquipo a completar el ministerio que el Señor le ha dado.

Artemas

TITO 3:12

Al final de su carta a Tito, Pablo revela que enviaría a Artemas o a Tíquico para ayudar a Tito en sus deberes como supervisor de las iglesias de Creta. Según la tradición eclesiástica, Artemas supervisó la iglesia de Listra más adelante.

Bernabé

1 CORINTIOS 9:6; GÁLATAS 2:1-14; COLOSENSES 4:10

José era el verdadero nombre de este levita de la isla de Chipre, no obstante, los apóstoles lo llamaron Bernabé, que significa «hijo de ánimo» (Hechos 4:36). Era primo de Marcos (quien escribió el Evangelio de Marcos), así como apóstol y misionero juntamente con Pablo (Hechos 13–15).

Bernabé

Carpo

2 TIMOTEO 4:13

Cuando viajaba por Troas, Pablo dejó su abrigo y sus libros con Carpo. Más adelante, a Pablo lo arrestaron, lo cual obstaculizó sus planes de regresar a Troas. Al escribir desde una cárcel romana, Pablo le pidió a Timoteo que lo visitara pronto y, en el camino, que recogiera sus pertenencias donde Carpo.

Cefas

Ver *Pedro.*

Cloé

1 CORINTIOS 1:11

Mientras el apóstol Pablo estaba en Éfeso, los sirvientes o empleados de la casa de Cloé, o de una iglesia que se reunía en su casa, le contaron a Pablo que había divisiones en la iglesia de Corinto. Pablo escribió 1 Corintios para tratar esos temas y otros más.

Crispo

1 CORINTIOS 1:14

Él era el líder de la sinagoga de Corinto que, junto con su familia, creyó en Cristo, de modo que Pablo los bautizó (Hechos 18:8).

Demas

COLOSENSES 4:14; 2 TIMOTEO 4:9-10; FILEMÓN 1:23-24

Pablo incluyó los saludos de Demas en su carta a la iglesia colosense y en su carta a Filemón. Sin embargo, más adelante, cuando Pablo estaba encarcelado en Roma poco antes de su muerte, Demas abandonó a Pablo y se fue a Tesalónica «porque [amaba] las cosas de esta vida» (2 Timoteo 4:10).

Demetrio

3 JUAN 1:12

Juan elogió a Demetrio cuando dice que «todos [...] hablan bien de Demetrio», lo cual indica que, tal vez, él había llevado la Tercera Epístola de Juan a sus destinatarios.

Diótrefes

3 JUAN 1:9-10

Juan describe a este líder descarriado de la iglesia como un hombre nada hospitalario que, debido a que disfrutaba al ponerse a sí mismo en primer lugar, había difundido chismes dañinos sobre Juan y sus compañeros.

Epafras

COLOSENSES 1:7-8; 4:12-13; FILEMÓN 1:23

Cuando visitaba a Pablo en Roma, Epafras le informó que los falsos maestros habían influido en los creyentes a quienes servía en Colosas, lo cual llevó a Pablo a escribir la carta a los colosenses. Pablo dice que Epafras es un «amado colaborador; [...] un fiel servidor de Cristo» y su «compañero de prisión en Cristo Jesús» (Filemón 1:23).

EMPERADORES DE ROMA

27 a. C.-14 d. C.

Augusto

Conocido también como Octavio, Augusto era el hijo adoptivo de Julio César. Después de obtener el control del imperio tras el asesinato de su padre, fue considerado el primer emperador oficial de Roma. Él era el emperador que reinaba al momento del nacimiento de Jesús (Lucas 2:1).

14-37 d. C.

Tiberio

Tiberio, hijastro de Augusto, reinó durante el ministerio de Jesús (Lucas 3:1) y nombró a Pilato como gobernador de Judea. Cuando Pilato trató de liberar a Jesús, los líderes judíos afirmaron que Pilato «no [era] amigo de [Tiberio] César» (Juan 19:12).

37-41 d. C.

Calígula

Poco después de convertirse en emperador, se sospechó que una enfermedad ocasionó que Calígula se volviera loco, lo cual lo llevó a realizar actos extraños, lo que lo condujo a dañar y matar a muchas personas. Calígula nombró a Herodes Agripa I rey de Judea. Después de reinar solo cuatro años, a Calígula lo asesinaron.

41-54 d. C.

Claudio

Claudio cuidó del pueblo judío como reconocimiento al fuerte apoyo de Herodes Agripa. Sin embargo, después de la muerte de Agripa, en medio de informes de disturbios, Claudio expulsó a los judíos de Roma, entre ellos los amigos de Pablo, Priscila y Aquila (Hechos 18:2).

54-68 d. C.

Nerón

Nerón fue el César a quien Pablo apeló su caso, lo cual resultó en el envío de Pablo a Roma (Hechos 25:11). También era el emperador que reinaba cuando Pedro escribió su primera Epístola instando a los cristianos a que «respeten al rey» (1 Pedro 2:17). Cuando un incendio enorme devastó Roma, Nerón culpó a los cristianos, lo cual condujo a un período de intensa persecución, durante el cual Pedro y Pablo sufrieron el martirio.

68-69 d. C.

Galba, Otón y Vitelio

Durante un período de guerra civil caótica, estos tres emperadores tuvieron reinados breves que terminaron en asesinato o suicidio.

69-79 d. C.

Vespasiano

Vespasiano aumentó los impuestos, incluso llegó a reclamar el impuesto del templo que los judíos pagaban en todo el imperio. Durante su reinado las fuerzas romanas aplastaron la primera revuelta judía y destruyeron el templo de Jerusalén en el año 70 d. C. A muchos judíos los asesinaron o desterraron como esclavos en todo el imperio.

79-81 d. C.

Tito

Tito esencialmente cogobernó con Vespasiano, su padre, durante gran parte de su reinado. Fue Vespasiano quien le encargó liderar el ejército que destruyó Jerusalén en el año 70 d. C.

81-96 d. C.

Domiciano

Domiciano se proclamó dios y mató o persiguió a parientes cercanos, a funcionarios del gobierno y a los cristianos, en tanto que aumentó la paga del ejército para su propia protección. Los funcionarios de la corte tuvieron éxito en su conspiración para asesinar a Domiciano en el año 96 d. C. Él era el emperador cuando a Juan lo desterraron a Patmos, donde recibió visiones de Dios que se convirtieron en el libro de Apocalipsis.

Epafrodito

FILIPENSES 2:25-30; 4:18

Epafrodito era un miembro gentil de la iglesia de Filipos, un «hermano, colaborador y compañero de lucha» de Pablo (Filipenses 2:25). Epafrodito se enfermó cuando viajaba para ayudar a Pablo, quien estaba encarcelado en Roma. Estuvo a punto de morir, si bien, Dios lo sanó misericordiosamente y regresó a Filipos, probablemente con la carta de Pablo para la iglesia de allí.

Erasto

ROMANOS 16:23; 2 TIMOTEO 4:20

Este nombre se menciona una vez en Hechos 19:22 y dos veces en las Epístolas, cada vez como un colaborador de Pablo. Se desconoce si cada una de esas veces se refiere a la misma persona. En Romanos, Pablo describe a Erasto como el «tesorero de la ciudad» de Corinto (Romanos 16:23). Más adelante, solo en su celda de la prisión romana, Pablo le dijo a Timoteo que «Erasto se quedó en Corinto» (2 Timoteo 4:20).

Sóstenes, Apolos, Cefas, Tíquico, Epafrodito, César y Onesíforo, de setenta discípulos del Menologio de Basilio II

Estéfanas

1 CORINTIOS 1:16; 16:15-18

Estéfanas y su familia fueron los primeros en convertirse al cristianismo en la provincia romana de Acaya. Pablo los bautizó personalmente. Más adelante, elogió su devoción y servicio al animar a la iglesia de Corinto a mirarlos como ejemplos de liderazgo piadoso. Estéfanas, Fortunato y Acaico viajaron para visitar a Pablo en Éfeso, probablemente para informar acerca de las divisiones de la iglesia de Corinto. Regresaron con la respuesta de Pablo a su informe: la carta de 1 Corintios.

Eunice

2 TIMOTEO 1:5; 3:14-15

Eunice era la madre de Timoteo, una cristiana judía que estaba casada con un griego (Hechos 16:1). En su segunda carta a Timoteo, Pablo describe tanto a Eunice como a Loida, su madre y abuela de Timoteo, como mujeres de «fe sincera» (2 Timoteo 1:5), e indica que una o ambas enseñaron a Timoteo las Escrituras «desde la niñez» (2 Timoteo 3:15).

Evodia y Síntique

FILIPENSES 4:2-3

Pablo exhortó a Evodia y Síntique, miembros de la iglesia filipense, a que «dado que pertenecen al Señor, arreglen su desacuerdo»; es posible que con ello haya indicado que había un conflicto entre ellas. Las elogia como mujeres que «trabajaron mucho» a su lado «para dar a conocer a otros la Buena Noticia».

Febe

ROMANOS 16:1-2

Lo más probable es que Febe haya ocupado un cargo de servicio oficial (diaconisa/ministra) en la iglesia de Cencreas, cerca del puerto oriental de Corinto. Pablo recomienda a Febe a la iglesia de Roma, lo cual indica que posiblemente fue Febe quien llevó la carta de Pablo de Corinto a Roma. Pidió a los destinatarios de la carta que recibieran a Febe y que la ayudaran, ya que ella había sido amable con muchos, incluso con Pablo.

Filemón

FILEMÓN 1:1

Filemón era originario de la ciudad de Colosas; fue un colaborador de Pablo y anfitrión de una iglesia en su casa. Onésimo, un esclavo de Filemón, huyó por razones desconocidas y, de alguna manera, conoció a Pablo. Los dos formaron un vínculo cuando Pablo le compartió el evangelio y Onésimo creyó. Pablo le escribió a Filemón, pidiéndole que aceptara de vuelta a Onésimo, esta vez, como hermano.

Fileto

2 TIMOTEO 2:16-18

Pablo le advierte a Timoteo acerca de Fileto e Himeneo, quienes habían «abandonado el camino de la verdad», al enseñar que la resurrección de los creyentes ya había ocurrido.

Gayo

ROMANOS 16:23; 1 CORINTIOS 1:14

Pablo transmitió los saludos de Gayo a la iglesia de Roma y lo elogia por ser hospitalario con él y toda la iglesia de Corinto. Es probable que se trate del mismo Gayo a quien Pablo bautizó en Corinto, junto con Crispo, el líder de la sinagoga. Sin embargo, no se ha identificado ni con el Gayo de Hechos 19:29 y 20:4 ni con el Gayo que recibió 3 Juan.

Gayo, destinatario de 3 Juan

3 JUAN 1:1–6, 11

El apóstol Juan le escribió a Gayo y lo elogia por ser un discípulo que caminaba en la verdad y era hospitalario con los misioneros. Al terminar Juan su carta mencionó que esperaba compartir más con Gayo en persona.

Himeneo

1 TIMOTEO 1:18-20; 2 TIMOTEO 2:16-18

Himeneo era un miembro de la iglesia de Éfeso que Timoteo supervisaba. Él, junto con Alejandro, había abandonado la «fe en Cristo», al no mantener «limpia [su] conciencia» (1 Timoteo 1:19). Pablo los disciplinó, no obstante, sin ningún resultado. Más adelante, Himeneo y un hombre llamado Fileto enseñaron falsamente acerca de la resurrección de los muertos.

Juan

GÁLATAS 2:9; 1, 2 Y 3 JUAN; APOCALIPSIS 1:1, 4

Juan fue uno de los primeros discípulos de Jesús y, más adelante, se convirtió en un apóstol de la iglesia primitiva. La tradición dice que ministró en Asia Menor y fue el único apóstol que no sufrió el martirio, pues murió de causas naturales en Éfeso hacia el final del primer siglo. A Juan se le atribuye haber escrito un Evangelio, tres Epístolas que llevan su nombre y el libro del Apocalipsis, una revelación que recibió cuando estaba desterrado en la isla de Patmos.

Juan el Evangelista

Judas, el hermano de Jesús

JUDAS 1:1

Judas, quien escribió la Epístola que lleva su nombre, se identifica a sí mismo como «hermano de Santiago» (Judas 1:1). Probablemente se refería al Santiago que era bien conocido como el hermano del Señor y el líder de la iglesia de Jerusalén. Eso implicaría que Judas era hermano de Jesús. Mateo 13:55 y Marcos 6:3 lo mencionan.

Junias

Ver *Andrónico y Junias.*

La casa de César

FILIPENSES 4:22

Desde Roma, Pablo envió saludos de «la casa de César» a la iglesia filipense. Es posible que eso indique que algunos sirvientes o parientes del emperador Nerón se habían convertido al cristianismo.

Lino

2 TIMOTEO 4:21

Pablo incluye el saludo de Lino al final de su segunda carta a Timoteo. Los primeros padres de la iglesia informaron que Pablo ordenó a Lino como supervisor de la iglesia de Roma.

Los gentiles

Los antiguos profetas bíblicos declararon que el Mesías prometido restauraría al descarriado Israel y también sería «luz para los gentiles» (Isaías 49:6), al referirse a las personas de ascendencia no israelita. Las Epístolas del Nuevo Testamento con frecuencia mencionan a los gentiles en el contexto de su relación con el pueblo judío en el plan de salvación de Dios. En Romanos, Pablo destaca la unidad e igualdad de ambos grupos de personas. Sin embargo, también hace énfasis en que los creyentes gentiles deben tratar a los judíos con respeto, ya que Cristo, un hombre judío, entregó el evangelio primero a su propio pueblo. En el Nuevo Testamento, el término *griego* a veces se usa indistintamente con el término *gentil*.

Los judaizantes

2 CORINTIOS 11:1-15, 22; GÁLATAS 2:12-14; 6:13; FILIPENSES 3:2-3

Los judaizantes eran cristianos que creían erróneamente que los gentiles debían seguir las leyes y costumbres religiosas judías para estar completamente bien con Dios. A menudo, los judaizantes aumentaban su propio sentido de importancia al convencer a los creyentes gentiles de que tenían que circuncidarse para obtener la salvación. Establecer solo la fe como medio de justificación es un tema importante en los escritos de Pablo que, en gran parte, son resultado de la oposición que enfrentó de parte de los judaizantes.

Los judíos

Los judíos son el pueblo escogido de Dios, pues son descendientes del patriarca Abraham, a quien Dios escogió para que llevara el mensaje de la gracia salvadora de Jesucristo a todas las naciones. Los escritores de las

Epístolas del Nuevo Testamento mencionaron a los judíos que aceptaron el evangelio, así como a los judíos que lo rechazaron y persiguieron a los creyentes. En especial en Romanos y Gálatas, Pablo explica el plan de Dios para la salvación y la unidad tanto de los judíos como de los gentiles.

Lucas

COLOSENSES 4:14; 2 TIMOTEO 4:11; FILEMÓN 1:24

Lucas fue un médico gentil que acompañó a Pablo en varios de sus viajes misioneros y es el autor del Evangelio de Lucas y del libro de los Hechos. En Colosenses y Filemón, Pablo menciona los saludos personales de Lucas a los destinatarios de las cartas. En 2 Timoteo 4:11, Pablo señala que «solo Lucas» estaba con él cuando sufría en la celda de una cárcel romana poco antes de su muerte.

Marcos (Juan Marcos)

COLOSENSES 4:10; 2 TIMOTEO 4:11; FILEMÓN 1:24; 1 PEDRO 5:13

Marcos

Marcos (también llamado Juan Marcos), autor del Evangelio de Marcos y primo de Bernabé, acompañó a Pablo en su primer viaje misionero, pero los abandonó de pronto a mitad del viaje (Hechos 13:5, 13). Su partida ocasionó un distanciamiento entre Pablo y Bernabé cuando planeaban su segundo viaje (Hechos 15:36-41). Pablo se resistía a llevarse a Marcos de nuevo, no obstante, Bernabé quería darle a su primo una segunda oportunidad. Finalmente, Marcos recuperó la confianza de Pablo y llegó a ser uno de sus colegas más queridos. En 2 Timoteo, la cual se escribió desde la prisión, Pablo pide que le lleven a Marcos porque le es útil en su ministerio. Marcos también era un colaborador cercano del apóstol Pedro, quien lo llamaba «mi hijo» (1 Pedro 5:13). Es probable que Pedro fuera quien le proporcionó a Marcos gran parte del material «privado» para su Evangelio.

Onesíforo

2 TIMOTEO 1:16-18; 4:19

Pablo expresó gratitud por las formas en que Onesíforo lo había ayudado mientras estuvo en Éfeso y, más adelante, cuando estuvo encadenado. En tanto que otros habían abandonado a Pablo en su prisión romana, Onesíforo «buscó por todas partes» a Pablo (2 Timoteo 1:17).

Onésimo

COLOSENSES 4:9; FILEMÓN 1:8-19

Onésimo, quien era un esclavo fugitivo a quien Pablo llevó a Cristo, fue un «fiel y amado hermano» de muchos (Colosenses 4:9). Onésimo había dejado a su amo, Filemón, líder de una iglesia en casa de Colosas, y conoció a Pablo en algún momento. Al parecer, Onésimo quería reconciliarse con su dueño, por lo que Pablo le escribió a Filemón a su favor, instándolo a recibir a Onésimo como a otro cristiano y no como esclavo. Onésimo también participó con Tíquico en la entrega de la Epístola de Pablo a la iglesia de los colosenses.

Parte de un fresco de G. B. Ricci, que muestra a Jesús entregándole a Pedro las llaves del reino del cielo

Pablo

DE ROMANOS A FILEMÓN;
2 PEDRO 3:15

Pablo en el hogar de Priscila y Aquila

Pablo era un fariseo de la ciudad de Tarso que persiguió a los cristianos antes de convertirse en cristiano (Hechos 9). Originalmente era conocido como Saulo, su nombre judío. Pablo predicó el evangelio por todo el Imperio romano, realizó varios viajes misioneros con varios compañeros y sufrió muchos encarcelamientos. Realizó innumerables milagros, desde sanar las enfermedades de las personas hasta devolver la vida a los muertos; además fue un firme defensor de la inclusión de los gentiles en la iglesia primitiva. Pablo fue el autor de trece Epístolas del Nuevo Testamento y dio aliento y enseñanza autoritativa a varias iglesias y a las personas que había discipulado. Se cree que lo decapitaron en algún momento entre los años 64 y 68 d. C, cuando el emperador romano Nerón perseguía a los cristianos con toda su fuerza.

Pedro (Cefas)

1 CORINTIOS 1:12; 3:21-23; 9:5; 15:3-5; GÁLATAS 1:18; 2:7-8, 11-14;
1 PEDRO 1:1; 2 PEDRO 1:1

Este impulsivo pescador galileo, quien originalmente se llamaba Simón, se convirtió en el más audaz predicador de los doce apóstoles. Jesús le dio el apodo de Pedro, o Cefas en arameo, que significa «roca». Después de la resurrección de Jesús, Pedro llegó a ser líder, portavoz y apologista de la iglesia primitiva. Su ministerio se centró en el pueblo judío, en tanto que el del apóstol Pablo se centró en los gentiles. Pedro escribió dos Epístolas del Nuevo Testamento. Se cree que sufrió el martirio en Roma, alrededor de los años 66–68 d. C., durante la persecución de los cristianos por parte de Nerón. La tradición dice que lo crucificaron boca abajo porque no se consideraba digno de morir de la misma manera que su maestro.

Priscila y Aquila

ROMANOS 16:3; 1 CORINTIOS 16:19; 2 TIMOTEO 4:19

Estos primeros convertidos a Cristo trabajaron como fabricantes de carpas junto a Pablo en Corinto; luego se fueron con Pablo cuando comenzó a viajar hacia Siria. Después de detenerse en Éfeso, Pablo continuó su viaje, en tanto que Priscila y Aquila se quedaron para dirigir una iglesia en casa. Allí capacitaron a Apolos, quien llegó a ser un líder prominente (Hechos 18:1-3, 18-19, 24-26). Pablo menciona a esta pareja en sus cartas a las iglesias de Roma y Corinto y a su alumno Timoteo, lo cual indica que ellos seguían siendo líderes eclesiásticos importantes. Hechos 18:2 indica que Aquila era judío, por lo que es probable que Priscila y Aquila fueran fundamentales para unificar a los judíos y los gentiles en las iglesias que ministraban.

Rufo

ROMANOS 16:13

El apóstol Pablo le envió sus saludos a Rufo al final de Romanos y dice de él: «A quien el Señor eligió hacerlo suyo». Pablo también indica que la madre de Rufo había sido como una madre para él. Pudo haber sido el mismo Rufo a cuyo padre, Simón de Cirene, obligaron a cargar la cruz cuando llevaban a Jesús a crucificarlo (Marcos 15:21).

Santiago, el hermano de Jesús

1 CORINTIOS 15:7; GÁLATAS 1:19; 2:9-12; SANTIAGO 1:1; JUDAS 1:1

Este hermano de Jesús y de Judas era el líder de la iglesia de Jerusalén o, en palabras de Pablo, un «pilar» de la iglesia (Gálatas 2:9). Él es el autor de la Epístola de Santiago. En el concilio de Jerusalén, Santiago apoyó el argumento de Pablo de aceptar a los gentiles como miembros de la iglesia (Hechos 15).

Santiago el Justo

Silas (Silvano)

2 CORINTIOS 1:19;
1 TESALONICENSES 1:1;
2 TESALONICENSES 1:1;
1 PEDRO 5:12

Pablo y Silas azotados en Filipos

Silas (que es la forma aramea de «Saulo»), quien es también conocido por su nombre latino, Silvano, fue un líder de la iglesia primitiva de Jerusalén (Hechos 15:22); acompañó a Pablo en su segundo viaje misionero. Silas se quedó en Berea con Timoteo para servir a los nuevos cristianos allí, en tanto que Pablo continuó su viaje a Atenas (Hechos 17:14). Con el tiempo, Silas se reunió con Pablo en Corinto y le dio las últimas noticias de Tesalónica (Hechos 18:5). Es evidente que Silas ayudó a escribir las dos Epístolas a los tesalonicenses y que también ayudó a Pedro a escribir su primera Epístola.

Síntique

Ver *Evodia y Síntique.*

Sóstenes

1 CORINTIOS 1:1

Pablo describe a Sóstenes como «nuestro hermano» en el saludo inicial de 1 Corintios. Él pudo haber sido el mismo Sóstenes que sucedió a Crispo como líder de la sinagoga de Corinto (Hechos 18:17).

Tercio

ROMANOS 16:22

Tercio fue el secretario de Pablo al escribir la carta a los romanos. Es probable que haya sido residente de Roma y que la iglesia allí lo haya conocido.

Timoteo

ROMANOS 16:21; 1 CORINTIOS 4:17; 16:10; 2 CORINTIOS 1:1, 19; FILIPENSES 1:1; 2:19-23; COLOSENSES 1:1; 1 TESALONICENSES 1:1; 3:2-6; 2 TESALONICENSES 1:1; 1 TIMOTEO 1:2; 2 TIMOTEO 1:2; FILEMÓN 1:1; HEBREOS 13:23

Timoteo

Timoteo era hijo de un griego y una creyente judía llamada Eunice; fue colaborador de confianza de Pablo, «mi verdadero hijo en la fe» (1 Timoteo 1:2). Entregó muchas de las Epístolas de Pablo y, con frecuencia, Pablo se refería a la presencia de Timoteo con él o incluía su nombre como coautor. En ocasiones, Pablo indicó que enviaría a Timoteo para ayudar a ciertas iglesias, como cuando estallaron divisiones en Corinto y cuando Pablo no pudo regresar para instruir a los nuevos creyentes tesalonicenses. Con el tiempo, Timoteo llegó a ser pastor en Éfeso, por lo que Pablo escribió 1 y 2 Timoteo para animarlo en su trabajo allí. Hebreos 13:23 menciona que, al igual que Pablo, Timoteo experimentó el encarcelamiento, aunque no conocemos las circunstancias específicas.

Tíquico

EFESIOS 6:21-22; COLOSENSES 4:7-9; 2 TIMOTEO 4:12; TITO 3:12

Es probable que Tíquico haya sido un griego de la ciudad de Éfeso. Fue compañero de viaje de Pablo y viajó con el apóstol desde Atenas hasta Macedonia y Troas (Hechos 20:1-6). Tíquico también hizo de mensajero, por lo que entregó varias de las Epístolas de Pablo y dio actualizaciones acerca del bienestar del apóstol. Pablo lo describió como un alentador, un hermano querido y un siervo fiel en el Señor.

Tito

2 CORINTIOS 2:13; 7:6-7, 13-15; 8:6, 16-24; 12:18; GÁLATAS 2:1-3; 2 TIMOTEO 4:9-10; TITO 1:4

Tito, misionero y pastor, fue uno de los compañeros más fieles y confiables de Pablo. Pablo envió a Tito a Corinto cuando se le informó que había divisiones dentro de la iglesia. Cuando Pablo y Tito se volvieron a reunir, Tito le llevó la buena noticia de que los creyentes corintios se habían arrepentido. Más adelante, Tito regresó para recoger una ofrenda para los cristianos de Judea. Pablo llevó a Tito con él a predicar el evangelio en la isla de Creta y, más adelante, escribió la Epístola a Tito para animarlo cuando supervisaba la iglesia allí. Tito se fue en una misión a Dalmacia, pero, según la tradición, regresó a Creta y sirvió allí durante muchos años.

Trófimo

2 TIMOTEO 4:20

Trófimo era nativo de Éfeso; viajó con Pablo desde Atenas a Macedonia y Troas (Hechos 20:1-4) y estuvo con Pablo en Jerusalén. En Jerusalén se amotinaron las multitudes debido a las enseñanzas de Pablo y porque erróneamente supusieron que había introducido a Trófimo, un gentil, en el templo (Hechos 21:27-29). En 2 Timoteo, Pablo menciona que Trófimo

Grabado por Gustavo Dore de Pablo concluyendo su carta a los efesios, antes de entregársela a Tíquico.

se había enfermado durante uno de sus viajes anteriores, lo cual requirió que se quedara en Mileto, cerca de Éfeso. Según algunas tradiciones eclesiásticas, a Trófimo lo decapitaron por orden del gobierno romano.

Zenas

TITO 3:13-14

En su carta a Tito, quien supervisaba las iglesias de la isla de Creta, Pablo menciona que el líder de la iglesia, Apolos, y un abogado llamado Zenas viajarían a través de Creta. Pablo animó a Tito a que les suministrara todo lo que necesitaran.

CAPÍTULO 6

Las siete iglesias de Apocalipsis

El libro de Apocalipsis contiene siete cartas de parte de Jesús a las iglesias de siete ciudades importantes de la provincia romana de Asia Menor (la actual Turquía). En esas cartas, después de una breve pero significativa descripción de sí mismo, Jesús aborda la condición espiritual de cada iglesia: según corresponda, alaba sus fortalezas, desafía sus debilidades y, de manera simbólica, le hace una promesa a cada una.

Cada carta termina con el estribillo similar concerniente a «los que salgan vencedores» (Apocalipsis 2:7, 11, 17, 26; 3:5, 12, 21), que señala la función principal de todo el libro de Apocalipsis: dar seguridad y consuelo a los creyentes que sufren y son perseguidos. El libro les asegura a los cristianos la victoria final de Dios y del pueblo de Dios sobre los poderes del mal y la muerte.

> Ya no habrá más maldición sobre ninguna cosa, porque allí estará el trono de Dios y del Cordero, y sus siervos lo adorarán. Verán su rostro y tendrán su nombre escrito en la frente. Allí no existirá la noche —no habrá necesidad de la luz de lámparas ni del sol— porque el Señor Dios brillará sobre ellos. Y ellos reinarán por siempre y para siempre.
>
> APOCALIPSIS 22:3-5

IGLESIA	FORTALEZAS	DEBILIDADES
ÉFESO Ap 2:1-7	Perseverancia; rechazo a los falsos profetas	Perdió su primer amor
ESMIRNA Ap 2:8-11	Soporta el sufrimiento y la pobreza, pero es rica	Ninguna
PÉRGAMO Ap 2:12-17	Permanece fiel al nombre de Cristo	Tolera a los falsos maestros
TIATIRA Ap 2:18-29	Obras, amor, fe y servicio	Tolera a los falsos profetas
SARDIS Ap 3:1-6	Algunos han permanecido fieles	Muerte
FILADELFIA Ap 3:7-13	Ha obedecido la palabra de Cristo; no negó su nombre	Ninguna
LAODICEA Ap 3:14-22	Ninguna	No es ni fría ni caliente; confianza en las riquezas

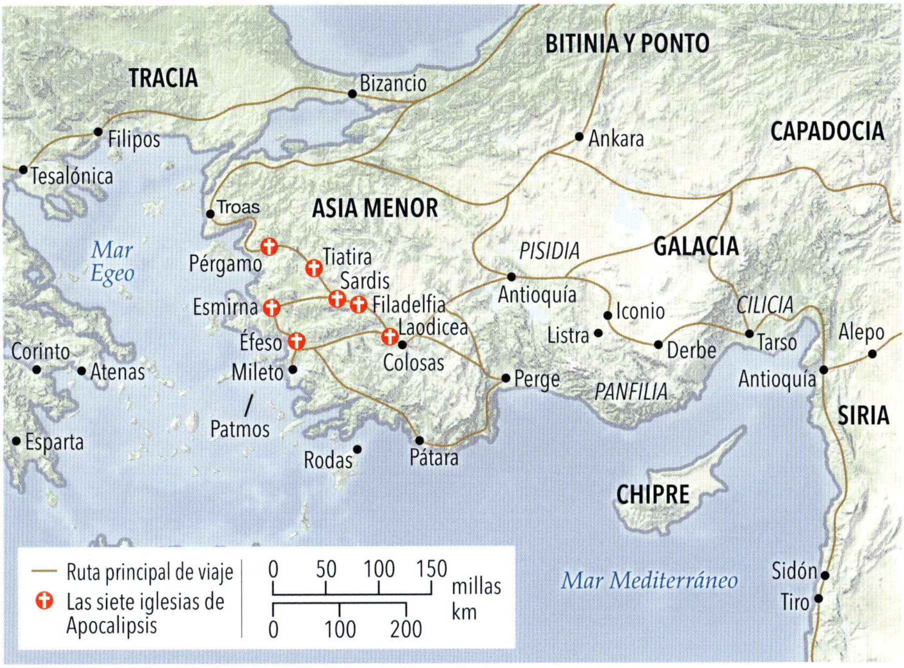

INSTRUCCIONES	PROMESAS
Hacer las cosas que hacía al principio	Comer del árbol de la vida
Permanecer fiel hasta la muerte	Recibir la corona victoriosa de la vida
Arrepentirse	El maná escondido; un nombre nuevo
Retener con firmeza lo que tiene	Autoridad; la estrella de la mañana
Fortalecer lo poco que queda; despertar	Caminar con Jesús; su nombre en el libro de la vida
Aferrarse a lo que tiene	Protección del gran tiempo de prueba; columnas en el templo de Dios
Abrirle la puerta a Cristo; comprar riquezas de Cristo	Sentarse con Cristo en el trono de Dios

ÉFESO

Trasfondo

- La ciudad era un influyente centro comercial y cultural construido en el siglo x a. C.; también era el principal centro de culto de la diosa Artemisa. Gran parte de la vida de la ciudad y su prestigio giraban en torno al templo y sus actividades, a cargo de miles de sacerdotes y una burocracia del templo bien organizada.

- Probablemente se ejercían presiones sociales, culturales y legales para que todos los ciudadanos, incluso los cristianos, se ajustaran al culto pagano.

Alabanza

Se alaba a la iglesia de Éfeso por su arduo trabajo y su perseverancia, por no tolerar a las personas malvadas, por poner a prueba las afirmaciones de los líderes (posiblemente los nicolaítas que se mencionan en Apocalipsis 2:6) y rechazarlas cuando se demostraba que eran falsas, así como por la perseverancia a pesar de tener que soportar dificultades. Las declaraciones se complementan entre sí: trabajar arduamente y perseverar se traduce en no tolerar a las personas malvadas y seguir creyendo, aunque algunos líderes hayan tratado de influir negativamente en ellos. Jesús observó su esmero y lo elogió.

Templo de Adriano, Éfeso

Problema: Perdió su primer amor

«¡No me amas a mí ni se aman entre ustedes como al principio!» (Apocalipsis 2:4). Es probable que ese amor se refiera a uno de los siguientes:

- El amor ardiente por Jesús que los creyentes experimentan cuando creen por primera vez: reciben perdón, confían en la promesa de una nueva vida y tienen el deseo de que Dios ocupe el primer lugar en sus prioridades.
- El amor que los creyentes se tienen los unos por los otros.
- El amor que debe ser siempre la fuerza motriz para los creyentes.
- El amor de dar testimonio de Jesús a los no creyentes. (Algunos eruditos sugieren que, debido a su enfoque en rechazar las enseñanzas de los falsos maestros, los efesios habían renunciado a testificar acerca del amor de Dios y la salvación por medio de Jesucristo).

Artemisa

Artemisa, conocida en Roma como Diana, era una antigua diosa de la caza y la fertilidad. El templo de Artemisa, ubicado en Éfeso, fue una de las siete maravillas del mundo antiguo.

Independientemente de la referencia correcta, la solución que Jesús identifica es clara: «Vuélvete a mí y haz las obras que hacías al principio» (Apocalipsis 2:5). El amor no es una opción. Es una parte integral de lo que significa ser parte del cuerpo de Cristo.

Los nicolaítas

Como grupo, los nicolaítas comprometieron su identidad cristiana al incorporar prácticas paganas en sus vidas. Es posible que hayan corrompido las enseñanzas de Nicolás de Antioquía, uno de los primeros diáconos de la iglesia (Hechos 6:1-5).

ESMIRNA

Trasfondo

- Esmirna era un puerto antiguo y rico, por lo que era una de las ciudades romanas más importantes de la zona. El culto al emperador era fundamental para la vida y el prestigio de la ciudad, aunque el templo de Atenea también era una fuente de orgullo para la ciudad y un importante contribuyente a la economía de la ciudad.
- La ciudad tenía una gran población de judíos, muchos de los cuales cooperaron con los líderes de la ciudad al perseguir a los cristianos. Por sus acciones revelaron que se oponían a Dios («su sinagoga le pertenece a Satanás», Apocalipsis 2:9).

LA PRIMERA CIUDAD DE ASIA

Éfeso, Esmirna y Pérgamo eran las tres ciudades principales de la provincia romana de Asia. Cada una competía con las demás para ser considerada la más importante. En diferentes épocas, tanto Éfeso como Pérgamo fueron capital de la provincia.

Alabanza

El Señor alaba a la iglesia de Esmirna por la riqueza de su perseverancia, fidelidad y lealtad a pesar de su sufrimiento. «Yo sé de tu sufrimiento» es la seguridad que Dios da de que Jesús conoce las aflicciones de su pueblo, se preocupa profundamente por ellos y está allí con quienes sufren (Apocalipsis 2:9). «¡Pero tú eres rico!» podría referirse a lo siguiente:

- La riqueza que vendrá cuando Jesús regrese en gloria.
- Una de las bienaventuranzas: «Dios bendice a los que son perseguidos por hacer lo correcto, porque el reino del cielo les pertenece. Dios

los bendice a ustedes cuando la gente les hace burla y los persigue y miente acerca de ustedes y dice toda clase de cosas malas en su contra porque son mis seguidores. ¡Alégrense! ¡Estén contentos, porque les espera una gran recompensa en el cielo!» (Mateo 5:10-12).

Problema: Ninguno

«No tengas miedo [...] si permaneces fiel» (Apocalipsis 2:10). Esmirna había permanecido fiel, incluso ante la persecución y la aflicción, por lo que Jesús les dice que perseveren porque el futuro depara más sufrimiento. De hecho, es posible que tengan que entregar sus vidas por causa del nombre de Jesús. Sin embargo, a pesar de lo enorme que sea ese desafío, Jesús no les pide que hagan algo que él mismo no estuviera dispuesto a hacer.

PÉRGAMO

Trasfondo

- Pérgamo era un importante centro de erudición, especialmente de la medicina; era la sede del Santuario de Asclepio, dios de la medicina.
- La ciudad albergaba la segunda biblioteca más grande del mundo antiguo, solo menos grande que la biblioteca de Alejandría en Egipto.
- Era un centro administrativo de la provincia; también era famosa por su culto al emperador y su gran altar a Zeus.

Templo de Trajano en la acrópolis de Pérgamo

Alabanza

Aunque batalla en una sociedad y una cultura difíciles y exigentes, se alaba a la iglesia de Pérgamo porque conserva su lealtad a Cristo. De hecho, como sugiere la muerte de Antipas, están dispuestos a morir por su fe (Apocalipsis 2:13).

Problema: Transigencia

«Arrepiéntete de tu pecado» (Apocalipsis 2:16). A pesar de su fidelidad, algunos miembros de la iglesia han permitido que enseñanzas inmorales y equivocadas se arraiguen en la iglesia. Tanto los nicolaítas como los seguidores de Balaam han descarriado a algunos en la iglesia, por lo que ahora varios participan tanto en prácticas cristianas como paganas. Se tienen que eliminar las falsas enseñanzas y prácticas porque el mal es insidioso y corrosivo. Sin embargo, la oscuridad y la mentira no tienen poder sobre la luz y la verdad. La falta de arrepentimiento acarreará juicio: «Vendré a ti de repente y pelearé contra ellos con la espada de mi boca» (Apocalipsis 2:16).

Balaam

En el Antiguo Testamento, Balaam era un profeta pagano que Balac, el rey moabita, contrató para maldecir a Israel. Sin embargo, Dios hizo que Balaam hablara solo lo que Dios puso en su boca (Números 22:35), por lo que Balaam terminó solo bendiciendo a Israel. Desafortunadamente, Balaam finalmente llevó a Israel a la idolatría, por lo que, alrededor de la época en que se escribió el Nuevo Testamento, los judíos consideraban a Balaam un excelente ejemplo de una persona cuyas enseñanzas no debían seguirse (2 Pedro 2:15; Judas 1:11).

El pergamino

La palabra pergamino se deriva del nombre de Pérgamo. Aunque no se inventó en Pérgamo, el pergamino se refiere a la piel de animal que se ha preparado de tal manera que se puede escribir en ella. Llegó a ser un medio común para todo tipo de documentos, incluso cartas y libros. Aunque por lo general no se usa hoy en día, el pergamino sigue siendo el único material que se usa para hacer un rollo de la Torá judía.

TIATIRA

Trasfondo

- Tiatira, ubicada entre Pérgamo y Sardis, era un centro comercial que se encontraba sobre una importante calzada romana.
- Funcionaba como un puesto militar crucial para quien controlara la zona.
- Era muy conocida por sus numerosos gremios comerciales: artesanos de lana y lino; fabricantes de cuero, bronce y abrigos; tintoreros, alfareros y panaderos; y traficantes de esclavos.

Los gremios comerciales

Los gremios comerciales eran asociaciones de artesanos que practicaban el mismo oficio o vendían los mismos productos. Los gremios comerciales de Tiatira estaban estrechamente relacionados con la religión pagana de la zona, por lo que es probable que se opusieran al cristianismo. Tiatira era el hogar de Lidia, una comerciante de tela púrpura y una de las primeras creyentes cristianas (Hechos 16:14, 40).

Alabanza

La iglesia se destaca por sus obras, amor, fe y servicio y por perseverar y mejorar constantemente (Apocalipsis 2:19). El Señor del universo es consciente de lo que su pueblo hace y le interesan sus acciones. El amor y la fe son la fuente de las obras del creyente. En otras palabras, nuestras acciones, nuestras obras, nuestros hechos deben estar motivados por el amor y la fe. Servir a los débiles y necesitados, así como dar testimonio de la bondad y el amor de Dios, eran características de la iglesia de Tiatira.

Problema: Tolerar el paganismo

«Y le daré a cada uno de ustedes lo que se merezca» (Apocalipsis 2:23). Los miembros de la iglesia que «[permiten a] esa mujer —esa Jezabel que se llama a sí misma profetisa—», en otras palabras, aquellos que permiten prácticas paganas en la iglesia «sufrirán terriblemente, a menos que se arrepientan y abandonen las maldades de ella» (Apocalipsis 2:20, 22). A los miembros de la Iglesia que hayan permanecido fieles a Jesús y a sus enseñanzas no se les pedirá «nada más, solo que retengan con firmeza lo que tienen hasta que yo venga» (Apocalipsis 2:24-25). Observe que, a pesar de su idolatría, Jesús promete un buen futuro si se arrepienten.

JEZABEL

Jezabel es el nombre de la esposa del rey Acab, rey de Israel, del Antiguo Testamento (1 Reyes 16:31). Ella llevó a su esposo y a Israel a dar culto a los dioses paganos de su tierra natal. Tal como se usa en el capítulo 2 de Apocalipsis, el nombre probablemente se refiere a una persona real que recibió el nombre como epíteto, debido a las ideas heréticas que enseñaba y que la iglesia aceptó.

SARDIS

Trasfondo

- Sardis estaba construida en lo alto de una llanura, lo cual la hacía importante desde el punto de vista militar. Además, estaba ubicada en una carretera importante, lo cual la convirtió, al menos durante un tiempo, en un centro de comercio; fungió como capital del poderoso y rico Imperio lidio.
- Era el centro de fabricación de alfombras y artículos de lana. También era conocida como la fuente de monedas de oro y plata casi puras y el comienzo de la moneda moderna.
- Era la sede de una gran sinagoga y un complejo de baños y gimnasio que cubría más de dos hectáreas.

Alabanza

Es bueno que algunos de los creyentes de Sardis hubieran permanecido fieles a la fe. Debido a que están libres de culpa, se vestirán de blanco, caminarán con Jesús y sus nombres nunca se borrarán del libro de la vida (Apocalipsis 3:4-5). Sin embargo, en general, es malo que la iglesia de Sardis se encuentre estancada. Al parecer, obraban mecánicamente y participaban en prácticas que ya no les interesaban y por las que mostraban poco o ningún entusiasmo. Algunos creyentes realmente se habían «manchado la ropa» (Apocalipsis 3:4), una posible referencia al pecado de idolatría.

Problema: La iglesia está muerta

¡La iglesia de Sardis está muerta! El diagnóstico es una crítica a su idolatría, ya que podrían haber practicado el culto a Cibeles.

Este mensaje no hace una referencia clara a la persecución. Sin embargo, aquellos que están vestidos de blanco, que caminan con Jesús y son dignos probablemente son aquellos que sufrieron por causa de Jesús (Apocalipsis 7:9-17). El desafío para la iglesia de Sardis es despertar de su letargo espiritual y recordar lo que han escuchado y aprendido.

El mensaje anima a la iglesia de Sardis a recordar lo que habían creído y amado de primero, lo que habían practicado y compartido con los demás. Al pueblo de Dios se le instruye que recuerde y actúe según ese recuerdo y a que se aferre a él. Tienen que arrepentirse de su comportamiento errado.

Hoy en día, la iglesia también debe estar en guardia contra las cosas que, aunque buenas, pueden distraernos de Dios y convertirse en ídolos: el dinero, las propiedades, el prestigio, la educación.

El complejo del gimnasio de Sardis

FILADELFIA

Trasfondo

- Filadelfia era un centro comercial exitoso, principalmente debido a que estaba situado en la entrada de un valle particularmente fértil. También era famosa por sus numerosos templos y festivales religiosos.
- Era propensa a los terremotos porque se encontraba cerca de una región volcánica activa. En el año 17 d. C., un devastador terremoto destruyó por completo la ciudad, pero la reconstruyeron con el tiempo.
- La ciudad fue fundada solo unos doscientos años antes de Cristo, y el rey Eumenes II la nombró en honor a su hermano.

Alabanza

Aunque se sabe muy poco acerca de la iglesia de Filadelfia, queda claro en la carta que, a pesar de que, al parecer no tenía una voz fuerte en la comunidad, permanecía fiel y leal a Cristo. Dios los elogia por haber obedecido su «mandato de perseverar» (Apocalipsis 3:10). Al igual que todas las iglesias de la época, la iglesia de Filadelfia también experimentó persecución.

Ruinas de la iglesia de San Juan en Manisa Alasehir, Turquía (la antigua Filadelfia)

Problema: Ninguno

«Yo te protegeré del gran tiempo de prueba que vendrá sobre el mundo entero» (Apocalipsis 3:10). La iglesia de Filadelfia se hallaba en muy buena forma espiritualmente. Debido a su perseverancia y fidelidad, el Señor los librará tanto de sufrir como de ser probados con lo que le ocurrirá al mundo. Él los anima a «aferrarse a» la fuerza que tienen, para que ganen la «corona» de la vida eterna (Apocalipsis 3:11).

Convertirse en una columna, un símbolo de permanencia y estabilidad, es un estímulo particular para los creyentes de Filadelfia porque sufrieron terremotos.

Dios elogia la perseverancia, la cual muestra confianza en él.

LA CIUDAD DEL AMOR FRATERNAL

Átalo, hermano del rey Eumenes II, fue un comandante militar consumado. Debido a su lealtad a su hermano, se ganó el apodo de Filadelfo, que significa la persona que ama a su hermano. Eumenes incluso designó que, a su muerte, Átalo sería su sucesor.

LAODICEA

Trasfondo

Rey Eumenes II

- Esta ciudad estratégica se encontraba ubicada en la encrucijada de dos rutas comerciales cruciales. En la época romana, fue un próspero centro comercial conocido por su banca, su industria textil (especialmente su producción de lana negra) y su escuela de oftalmología (famosa por un ungüento para los ojos que desarrolló).
- La ciudad era financieramente fuerte, incluso capaz de reconstruirse sin ayuda imperial cuando un terremoto la destruyó en el año 60 d. C.
- Carecía de un suministro de agua adecuado, por lo que se construyó un acueducto para llevar agua.

Alabanza

Esta es la única iglesia que no recibe un mensaje positivo.

Problema: Perder la identidad en Cristo

«¡Te escupiré de mi boca!» (Apocalipsis 3:16). En los mensajes anteriores, la presencia de Jesús trae consuelo. Aquí, sin embargo, es una mala noticia porque la iglesia es «tibia», como el agua de la ciudad (Apocalipsis 3:16). La iglesia tiene poco, o nada, que ofrecer para aliento espiritual, refrigerio o crecimiento porque ha perdido su enfoque en Jesús.

La ciudad se encontraba cerca de una región volcánica. Hierápolis, en el norte, y Colosas, en el este, tenían aguas calientes y frías, respectivamente. Hierápolis tenía agua caliente de sus numerosas aguas termales, las cuales se consideraban medicinales. Colosas tenía aguas frescas y refrescantes, las cuales hacían fértil todo el valle. Sus aguas formaban parte de su identidad como ciudades. Laodicea, por el contrario, no era ni fría ni caliente. La acusación parece decir que la iglesia de Laodicea, como el agua de la ciudad, carecía de identidad. Su celo y amor a Dios se habían vuelto tibios. ¡Había perdido su identidad cristiana!

Ruinas de Laodicea

Preocupada por adquirir riqueza y prestigio, la iglesia no muestra dependencia de Dios. Las verdaderas riquezas solo vienen de Dios, quien puede vestirlos de blanco y aliviar y abrir sus ojos para que vean lo que es verdaderamente importante (Apocalipsis 3:18).

«Sé diligente y arrepiéntete de tu indiferencia» (Apocalipsis 3:19). El llamado de Dios es a volver a la fidelidad y a la perseverancia. ¡La iglesia debe reconocer que está en bancarrota espiritual y que ha expulsado a Jesús de la puerta! Sin embargo, Jesús está allí, llama a la puerta y pone su presencia a disposición de la iglesia.

LA PRESENCIA DE JESÚS EN CADA IGLESIA

Jesús les dijo a sus discípulos: «Separados de mí, no pueden hacer nada» (Juan 15:5). Nuestras vidas, como personas y en nuestras iglesias, deben reflejar nuestra conexión con el Cristo resucitado. Su ejemplo de amor, servicio, humildad, sacrificio y obediencia debe moldear la vida de sus seguidores.

ÉFESO

Este es el mensaje de aquel que tiene las siete estrellas en la mano derecha, del que camina en medio de los siete candelabros de oro.

APOCALIPSIS 2:1

- Los siete candelabros representan a la iglesia en general; el hecho de que Jesús camina en medio de ellos indica su presencia constante entre su pueblo.
- Así como los candelabros simbolizaban la presencia de Dios en el tabernáculo (Éxodo 25:31-37; ver también Zacarías 4:2-10), simbolizan la presencia de Jesús entre su pueblo.
- Las estrellas podrían ser seres celestiales o seres humanos.
- Esta descripción muestra que Jesús tiene autoridad sobre la iglesia en la tierra y en el cielo. La victoria final de la iglesia depende de la fidelidad del Cordero y de la respuesta fiel de su pueblo, especialmente en tiempos de persecución y sufrimiento.

ESMIRNA

Este es el mensaje de aquel que es el Primero y el Último, que estuvo muerto pero ahora vive.

APOCALIPSIS 2:8

- «El Primero y el Último» aparece tres veces en Apocalipsis (1:17; 2:8; 22:13), y está conectado con la autodescripción de Dios de Isaías 41:4; 44:6; 48:12. En Isaías, la descripción se usa para expresar que Dios es el único Dios verdadero.
- Esta descripción resalta la divinidad de Cristo y enfatiza que Jesús es la fuente y el fin de todas las cosas, él es soberano sobre toda la creación y es eterno.
- Debido a la competencia política de Esmirna con Éfeso y Pérgamo por ser la ciudad más importante de Asia Menor, esa descripción también puede ser una afirmación de que la identidad de los creyentes de Esmirna está firmemente arraigada en un primero mucho más estable y legítimo: Jesús.

PÉRGAMO

Este es el mensaje de aquel que tiene la espada aguda de doble filo.

APOCALIPSIS 2:12

- Esta descripción, la cual no es una imagen militar, se aclara aún más en el versículo 16 («la espada de mi boca») y se relaciona con la profecía acerca del Siervo de Isaías 49:2 («Hizo que mis palabras de juicio fueran tan filosas como una espada»). Ambas sugieren el juicio divino.
- Las normas para toda la provincia romana de Asia se originaron en Pérgamo; con todo, esta imagen de Jesús muestra que él es el verdadero gobernante y juez de la iglesia y de toda la humanidad.

TIATIRA

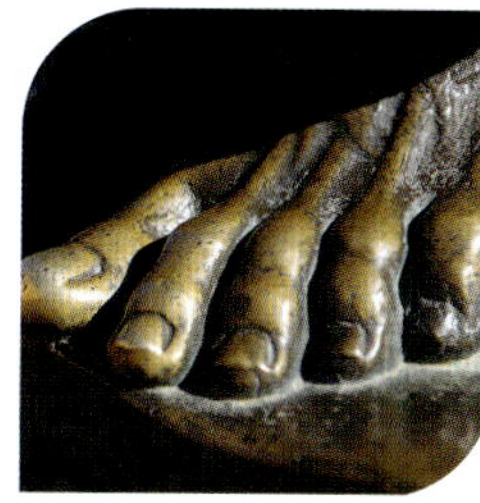

Este es el mensaje del Hijo de Dios, el que tiene los ojos como llamas de fuego y los pies como bronce pulido.

APOCALIPSIS 2:18

A todos los que salgan vencedores y me obedezcan hasta el final: Les daré autoridad sobre todas las naciones. [...] Tendrán la misma autoridad que yo recibí de mi Padre.

APOCALIPSIS 2:26-28

- La referencia al «Hijo de Dios» es posible que haya servido como un golpe al dios Apolo y a los emperadores, de quienes se pensaba que eran hijos del dios Zeus.
- La descripción de Apocalipsis 2:18 tiene similitudes con la visión de Daniel de un gran hombre (Daniel 10:4-6).
- El Salmo 2 describe a las naciones cuando se reúnen contra el Mesías, el Hijo de Dios, pero él gobierna sobre las naciones como su herencia.

SARDIS

Este es el mensaje de aquel que tiene el Espíritu de Dios de siete aspectos y las siete estrellas.

APOCALIPSIS 3:1

- Esta descripción se refiere a Apocalipsis 1:4, donde los siete espíritus se refieren a tener el poder del Espíritu Santo. El número siete aquí no se refiere a la completitud, sino a la autoridad divina suprema. Isaías 11:2 enumera la séptuple mención al Espíritu.

- Las estrellas se refieren a los siete mensajeros enviados a las iglesias, quienes tienen toda la autoridad de Dios para llevar a cabo sus tareas.
- Jesús, tanto entonces como ahora, viene a la iglesia con la plenitud de la autoridad de Dios.

FILADELFIA

Este es el mensaje de aquel que es santo y verdadero, el que tiene la llave de David.

APOCALIPSIS 3:7

- «Santo» se refiere a Dios o a algo de Dios. Esta descripción afirma que, a diferencia de los emperadores romanos que son dioses falsos, Jesús es el único digno de adoración y el único digno de juzgar al mundo entero.
- «Verdadero» también podría significar «fiel», que es el nombre del jinete del caballo blanco (Apocalipsis 19:11). Jesús, quien espera fidelidad de las siete iglesias, es firme y nunca cambia.
- «La llave de David» es una alusión a Isaías 22:22. Jesús es del linaje de David y, así como Jesús tiene «las llaves de la muerte y de la tumba» (Apocalipsis 1:18), tiene la respuesta para la vida eterna. Jesús tiene autoridad sobre toda la creación.

LAODICEA

Este es el mensaje de aquel que es el Amén, el testigo fiel y verdadero, el principio de la nueva creación de Dios.

APOCALIPSIS 3:14

- Esta descripción podría referirse a Isaías 65:16, donde se dice que el nombre de Dios se usa con bendiciones y juramentos. «Amén» probablemente significa «fidelidad» o «confiabilidad». Las bendiciones sobre la tierra y el juramento tienen validez solo porque se hacen efectivos por la confiabilidad de Dios.

- La expresión «el testigo fiel y verdadero» es similar a «santo y verdadero» que se usa con respecto a Filadelfia (Apocalipsis 3:7). Jesucristo es «el testigo fiel» (Apocalipsis 1:5) porque nunca cambia: «Jesucristo es el mismo ayer, hoy y siempre» (Hebreos 13:8).

PERSECUCIÓN Y TRIUNFO

Jesús dijo: «Ya que me persiguieron a mí, también a ustedes los perseguirán» (Juan 15:20). Qué desconcertante decirles eso a sus discípulos confundidos y afligidos. Sin embargo, lo que Jesús quiso decir era que Dios no abandonaría a los discípulos en sus sufrimientos venideros. Prometió estar con ellos, enviar al Consolador, al Abogado Defensor, al Espíritu Santo: «Les he dicho estas cosas para que no abandonen su fe» (Juan 16:1).

Al igual que hoy, la iglesia en la época de los apóstoles experimentó sufrimiento, persecución y odio por parte de algunas personas a su alrededor. A finales del primer siglo, en la época en que probablemente se escribió el libro de Apocalipsis, los cristianos experimentaban diferentes tipos de persecución.

El libro de Apocalipsis se escribió en su totalidad para dar seguridad y consuelo a los creyentes que sufrían y eran perseguidos. Este tema es crucial en cada una de las cartas a las siete iglesias. Sin embargo, cada carta asegura a los cristianos la victoria final de Dios y del pueblo de Dios sobre los poderes del mal y la muerte. La victoria de Jesús sobre los poderes del mal y de la muerte es el primer paso decisivo. Los cristianos pueden reclamar esa victoria al ser fieles en su devoción a Cristo, así como testigos fieles de la Buena Noticia en el mundo.

CAPÍTULO 7

Cuatro puntos de vista sobre el libro de Apocalipsis

El libro de Apocalipsis es un libro apasionante de la Biblia, aunque a menudo se malinterpreta. Se escribió a finales del primer siglo y llegó a ser una fuente de esperanza y aliento para los cristianos que se enfrentaban a la persecución.

Este capítulo compara cuatro formas diferentes en que los cristianos han entendido el Apocalipsis a lo largo de los siglos: los puntos de vista futurista, historicista, idealista y preterista. Ver los diferentes enfoques de Apocalipsis ayudará a aclarar los problemas de interpretación y dará una nueva perspectiva.

PUNTOS DE ACUERDO

Aunque el libro de Apocalipsis permite muchas interpretaciones, todos los cristianos parecen estar de acuerdo en que:

- El mensaje del libro es tan pertinente para los cristianos de hoy como lo fue para los cristianos de la época de los apóstoles.
- El propósito principal del libro es proporcionar esperanza y aliento a los creyentes de todas las épocas, especialmente en tiempos de persecución o sufrimiento.
- El mensaje del libro es claro en al menos tres puntos: Cristo va a regresar y juzgará a la humanidad; los poderes del mal están condenados ante Cristo; Dios también promete un futuro maravilloso para todos los que creen en Cristo.

DIOS ACTÚA EN LA HISTORIA

Tanto el Antiguo como el Nuevo Testamento revelan a Dios como Señor de la historia. Los cristianos de todas las épocas han creído que Jesús vendrá por segunda vez, no obstante, no todos los cristianos han estado de acuerdo en que Apocalipsis se centra en la segunda venida. Si las visiones de Apocalipsis se han cumplido, se están cumpliendo, o aún se hayan de cumplir es un tema de debate, si bien, el espíritu del último capítulo que pide a Jesús que venga pronto es algo en lo que todos los cristianos pueden estar de acuerdo: «¡Ven, Señor Jesús!» (Apocalipsis 22:20).

PUNTO DE VISTA FUTURISTA

- Apocalipsis es una profecía que trata principalmente acerca del futuro fin del mundo.
- Apocalipsis es como una hoja de ruta para el futuro.
- Según el punto de vista futurista, todo o casi todo Apocalipsis está aún por ocurrir. Apocalipsis es una profecía que describe el fin de los tiempos y los años que conducen inmediatamente al fin. Los premilenialistas dispensacionales, así como algunos premilenialistas históricos, interpretan Apocalipsis de esta manera.

PUNTO DE VISTA HISTORICISTA

- El libro de Apocalipsis es una profecía sobre la historia de la iglesia desde los tiempos de Juan hasta el fin del mundo.
- Apocalipsis es como un libro de texto de historia para el pasado, el presente y el futuro.
- Los historicistas ven los acontecimientos de Apocalipsis como descripciones simbólicas de eventos históricos a lo largo de la historia de la iglesia. Algunos futuristas también interpretan las siete iglesias

de una manera histórica, por lo que tratan a cada iglesia como descriptiva de una época particular de la historia de la iglesia.

PUNTO DE VISTA IDEALISTA

- Apocalipsis es un drama sobre las realidades espirituales que no es histórico ni profético.
- Es una alegoría de todos los tiempos y lugares.
  Las imágenes, visiones y sueños son expresiones simbólicas de las luchas entre el bien y el mal a lo largo del tiempo.
- Al parecer, esta perspectiva se originó entre los antiguos teólogos alejandrinos, quienes con frecuencia espiritualizaban y alegorizaban los textos bíblicos. Sin embargo, este punto de vista también tiene seguidores contemporáneos.

PUNTO DE VISTA PRETERISTA

- El libro de Apocalipsis es una profecía que se cumplió principalmente en el primer siglo.
- Apocalipsis es como un periódico antiguo.
- Los preteristas parciales consideran la mayor parte de Apocalipsis profecía que se cumplió en el primer siglo, aunque los capítulos finales de Apocalipsis describen eventos futuros que ocurrirán al final de los tiempos. Los preteristas completos sostienen que el regreso de Jesús que se describe en Apocalipsis 19 fue espiritual y ocurrió en el año 70 d. C. Los preteristas suelen ser amilenialistas o postmilenialistas, aunque algunos premilenialistas históricos podrían encajar en esta categoría.

COMPARACIÓN DE LOS PUNTOS DE VISTA DE APOCALIPSIS

APOCALIPSIS	APOCALIPSIS 1:1 «PRONTO» 1:3 «CERCA» 1:19 «AHORA» (Ver también 22:6, 7, 12, 20)	APOCALIPSIS 2:1-3:22 Las siete iglesias del Asia Menor	APOCALIPSIS 4:1-3 Dios en su trono
PUNTO DE VISTA FUTURISTA	Estas palabras se refieren a la totalidad de los «últimos días» o a la prontitud con la que Jesús regresará.	La profecía comienza con las siete iglesias, iglesias reales en los días de Juan, también pueden simbolizar los tipos de iglesias presentes en los últimos días.	Desde su trono, Dios le da a Juan una visión de los acontecimientos que han de suceder «después de esto».
PUNTO DE VISTA HISTORICISTA	La profecía comienza a cumplirse cerca del tiempo de la vida del autor.	La profecía comienza con las siete iglesias reales en los días de Juan y continúa a través de la historia a partir de allí.	Dios está a punto de trazar su dominio sobre la historia: la primera parte de esa historia se revela bajo la visión de los siete sellos.
PUNTO DE VISTA IDEALISTA	Cristo siempre está a la mano, cercano y listo para salvar a su pueblo.	El libro comienza con las siete iglesias, las cuales simbolizan las tendencias dentro de la iglesia que pueden ocurrir en todas las épocas.	Dios le da a Juan el punto de vista celestial de las verdades importantes acerca del poder de Dios sobre todas las cosas y su cuidado por la iglesia.
PUNTO DE VISTA PRETERISTA	Cerca, pronto y ahora se toman literalmente.	La profecía comienza con las siete iglesias reales de Asia Menor. Luego se enfoca en la tierra de Israel antes del año 70 d. C.	El tribunal de Dios en el templo celestial es el escenario. El Juez en su trono está a punto de celebrar el juicio.

APOCALIPSIS	APOCALIPSIS 5:1-4 El rollo	APOCALIPSIS 6:1-17 Los sellos	APOCALIPSIS 7:1-8 Los 144.000
PUNTO DE VISTA FUTURISTA	El rollo podría ser el título de propiedad de la tierra, o el mensaje profético de Dios de Apocalipsis, o la voluntad y el testamento eterno de Dios.	Los sellos comienzan a describir la gran tribulación; cada sello que se abre conduce a una tragedia mayor sobre la tierra.	Los 144.000 son cristianos judíos de los últimos días.
PUNTO DE VISTA HISTORICISTA	El rollo es la historia venidera de la iglesia, tal como Dios la revela y él es Señor sobre ella.	Los sellos son las etapas de la historia de la iglesia, por lo que tal vez describen a la iglesia desde finales del siglo I hasta finales del siglo IV d. C.	Los 144.000 son un número simbólico que representa a toda la iglesia.
PUNTO DE VISTA IDEALISTA	El rollo es la voluntad y el testamento de Dios, que revela su plan de salvación para todos los tiempos.	Los sellos se refieren a males recurrentes a lo largo de la historia y a la autoridad de Dios sobre ellos.	Los 144.000 son el verdadero Israel espiritual: la iglesia en la tierra.
PUNTO DE VISTA PRETERISTA	El rollo es el documento de divorcio de Dios contra el Israel infiel, o es la voluntad y el testamento eternos de Dios.	Los sellos describen la guerra romana con los judíos, lo que llevó a la destrucción de Jerusalén (70 d. C.).	Los 144.000 pueden ser los cristianos judíos que escaparon de la destrucción de Jerusalén.

APOCALIPSIS 8:1-13 Las trompetas	**APOCALIPSIS 9:13-19 Los cuatro ángeles en el Éufrates**	**APOCALIPSIS 10:8-11 El pequeño rollo**
Las trompetas describen los acontecimientos de la tribulación en los últimos días.	Los cuatro ángeles representan los ejércitos de Oriente que marcharán contra Israel en los últimos días. Cruzarán el Éufrates como señal de guerra.	El pequeño rollo representa el plan divino para el fin de los siglos, con lo que muestra que la Palabra de Dios es tanto dulce como amarga para los profetas y mensajeros de Dios.
Las trompetas son las etapas de la historia de la iglesia, tal vez desde aproximadamente el año 400 d. C. hasta el siglo XV (o hasta el presente).	Los cuatro ángeles podrían representar los cuatro principados del imperio turco. Los turcos destruyeron lo último del Imperio romano en el año 1453 d. C.	El pequeño rollo puede ser la Biblia en la época de la Reforma. Era dulce para quienes estaban hambrientos de la Palabra de Dios pero amarga para quienes querían controlar su información y ocultarla a la gente común.
Las trompetas tienen que ver con los ciclos del pecado humano, las consecuencias y la salvación de Dios.	Los cuatro ángeles representan el juicio de Dios que cae sobre el mal cuando ya no hay más restricción, que se representa con el río Éufrates.	El pequeño rollo es el evangelio, el cual se debe predicar y se predicará a todos los «pueblos, naciones, lenguas y reyes».
Las trompetas representan una visión de la guerra romana con los judíos en el primer siglo y extienden la descripción de los sellos con más detalle.	Los cuatro ángeles pueden representar las cuatro legiones de soldados romanos destacados en Siria, que Vespasiano lideró contra los judíos (alrededor del año 70 d. C.). Los colores que se mencionan son los colores militares romanos.	El pequeño rollo es el mismo documento de divorcio que se encuentra en Apocalipsis 5:1-4, aunque ahora sin sellar y vacío de contenido, lo cual indica que los juicios contra Israel ocurren ya.

APOCALIPSIS	APOCALIPSIS 11:1-2 El templo	APOCALIPSIS 12:13-17 La mujer perseguida
PUNTO DE VISTA FUTURISTA	La medición del templo se refiere a la nación de Israel y al templo que será reconstruido en los últimos días. Israel ha sido restaurado, pero todavía espera la reconstrucción de su fe. Esta fe se centrará en el nuevo templo y con el tiempo conducirá a algunos de los judíos a la fe en Cristo.	La mujer es Israel (el sol, la luna y las estrellas, Gn 37:9). El niño es Cristo (la vara de hierro, Sal 2:9). El dragón es Satanás, quien está detrás de la venida del Anticristo. Como jefe del «Imperio romano» revivido, el Anticristo atacará a Israel.
PUNTO DE VISTA HISTORICISTA	La medición del templo, del altar y de quienes adoran allí indica la evaluación de Dios de la iglesia, la doctrina de la justificación por la fe, y lo que constituye la verdadera membresía de la Iglesia.	La mujer es la iglesia verdadera bajo persecución. La «tercera parte de las estrellas» puede referirse a la división del Imperio romano bajo tres emperadores en el año 313 d. C., o puede referirse a las divisiones de Europa posteriores a la Reforma.
PUNTO DE VISTA IDEALISTA	La medición del templo y la salida del atrio exterior indica la división que siempre ha estado presente entre los verdaderos creyentes y quienes son cristianos solo de nombre. El pisoteo del atrio significa la forma en que el mundo incrédulo corrompe a la iglesia, no obstante, eso será solo por un corto tiempo.	La mujer es Israel como el símbolo ideal de todos los fieles. El niño es Cristo y el dragón es Satanás, el gran perseguidor de la iglesia en todas las épocas. Las estrellas son los ángeles que cayeron con Satanás en su rebelión. Las siete cabezas y coronas hablan de todo el poder político y la autoridad de Satanás. Los diez cuernos son el poderío militar.
PUNTO DE VISTA PRETERISTA	La medición del templo y sus habitaciones, como comerse el rollo en el capítulo 10, refleja lo que sucede en Ez 40–47. Ambos pasajes indican la destrucción del templo y la separación de los fieles (simbolizados por el santuario) de los infieles (simbolizados por el atrio).	La mujer es el Israel fiel que dio a luz a Cristo (el niño). El dragón, Satanás, persiguió a la iglesia mesiánica, si bien, ella escapó de la destrucción de Jerusalén al prestar atención a las palabras de Jesús (Lc 21:20-22) y al huir a las colinas del desierto (el lugar preparado).

APOCALIPSIS 13:18 666	**APOCALIPSIS 14:14-16 El Hijo del Hombre con la hoz afilada**	**APOCALIPSIS 15:1-4 El canto de Moisés y del Cordero**
Es el número del futuro Anticristo, alguien que será como Nerón de vuelta de los muertos.	Es una visión de la cosecha venidera al final de la era, cuando Cristo separará a los malvados para el juicio.	Es el canto de salvación de la persecución del Anticristo de los últimos días y el consiguiente juicio de Dios. Los creyentes pueden experimentar algo de persecución, pero no tendrán que soportar la ira de Dios.
Puede ser el número de la palabra *Lateinos* y, por lo tanto, se refiere al papa/papado latino o católico-romano.	Es una visión del fin de los tiempos, cuando Cristo vendrá y reunirá a los suyos para sí.	Esa puede ser la canción de la salvación final de la esclavitud al abuso del poder religioso y político entre muchos de los papas.
Es el número de la imperfección y la maldad humanas que conduce al culto a los ídolos.	Es una visión del juicio final y de la venida de Cristo al final de los tiempos.	Ese es el canto de salvación que todos los redimidos han cantado a lo largo de la historia y que cantarán de nuevo cuando Cristo venga otra vez.
Es el número que suman las letras del nombre «Nerón César».	Es una visión de la venida de Cristo para reunir y preservar a su iglesia del juicio que caería sobre Jerusalén.	Es el canto de salvación de y victoria sobre la impía persecución religiosa y política que sufrieron los cristianos en Israel y en el mundo romano.

APOCALIPSIS	APOCALIPSIS 16:10-11 La quinta copa	APOCALIPSIS 17:1-18 La gran prostituta
PUNTO DE VISTA FUTURISTA	La copa es el juicio venidero sobre el Imperio romano revivido que se llevará a cabo en los últimos días.	La prostituta es el símbolo de un sistema religioso falso, un nuevo orden religioso mundial. La coalición religiosa tendrá influencia política ligada al poder de la bestia (Anticristo), que es la cabeza de la alianza (diez cuernos) de diez naciones de Europa en los últimos días.
PUNTO DE VISTA HISTORICISTA	La copa podría ser el juicio sobre el papa romano Pío VI, el cual ocurrió cuando las fuerzas revolucionarias francesas despojaron al Vaticano y tomaron cautivo al papa en 1798. El Papa se vio obligado a huir de Roma de nuevo en 1848. Ese acontecimiento se predijo al utilizar 1260 días como 1260 años (Ap 12:6).	La prostituta podría ser la corrupta iglesia católico-romana, incluso las falsas iglesias «protestantes» que han salido de ella. Su influencia política y religiosa la ejercen el bestial papado romano y la cultura de Europa Occidental.
PUNTO DE VISTA IDEALISTA	La copa muestra lo que sucederá y lo que les sucede a quienes se oponen firmemente a Dios. Los juicios de la oscuridad y las llagas recuerdan las plagas de Egipto.	La prostituta es toda religión falsa y corrupta que se ha aliado con el poder político para dominar. Dios advierte que tal religión llegará a un fin terrible cuando la fe verdadera triunfe.
PUNTO DE VISTA PRETERISTA	La copa es el juicio que cayó sobre Roma en el año 69 d. C. En ese solo año, Nerón se suicidó, tres emperadores fueron depuestos, una guerra civil enfrentó a romanos contra romanos y un incendio consumió el templo de Júpiter Capitolino hasta los cimientos, lo cual ocasionó oscuridad durante el día.	La prostituta es Jerusalén. Su influencia política y religiosa falsa la ejerce el Imperio romano (la bestia). Las siete cabezas son Roma y los primeros siete emperadores. Nerón (el sexto de los emperadores) gobernaba en ese momento. Los diez cuernos son las diez provincias imperiales.

APOCALIPSIS 18:9-24 La caída de Babilonia	APOCALIPSIS 19:1-10 La boda del Cordero y su novia
La destrucción de los sistemas religiosos, políticos y económicos del mundo venidero, bajo el control del Anticristo y el falso profeta, será un desastre de dimensiones sin paralelo.	Toda la iglesia es la novia de Cristo, cuyo matrimonio se anuncia y se celebra. Esa escena se refiere a los acontecimientos cercanos al fin del mundo y de la historia.
La destrucción de Roma (Babilonia) será completa y absolutamente devastadora. Las consecuencias de predicar un falso evangelio, de perseguir a los verdaderos creyentes y de incursionar en la política del poder la llevarán a ese fin. Muchos llorarán su pérdida, pero será definitiva.	La eliminación total de la religión falsa, representada por Roma (Babilonia), permitirá que los fieles cumplan el propósito por el cual Cristo vino: la evangelización del resto del mundo. Se invitará a todas las personas a entrar en una relación (con Dios, la cena de bodas con Dios).
La destrucción de Babilonia revela que el juicio de Dios es completo y definitivo. Ya sea Nínive, Babilonia, Roma o cualquier otra potencia económica que se oponga a Dios, está destinada al fracaso.	Las antiguas bodas judías pueden ser una metáfora útil. Los profetas anunciaron la boda. Jesús llega y se desposa con su novia (la iglesia), al pagar la dote en la cruz. Cuando Jesús venga de nuevo, le ofrecerá a su novia una cena de bodas.
La destrucción de Jerusalén (Babilonia) es súbita y completa. La miseria y el desastre económico son casi indescriptibles y una fuente de gran desesperación. Hasta el día de hoy, el templo nunca se ha reconstruido.	Todo el libro ha tratado acerca de la fidelidad y utiliza la imagen del matrimonio: el documento de divorcio del capítulo 5, las imágenes de la mujer perseguida y la prostituta. El libro avanza a la cena de bodas de Cristo y su iglesia.

APOCALIPSIS	APOCALIPSIS 20:1-15 El milenio	APOCALIPSIS 21:1-27 La nueva creación	APOCALIPSIS 22:1-21 La salvación y la sanidad de las naciones
PUNTO DE VISTA FUTURISTA	El milenio es el futuro reinado físico de Jesucristo en la tierra.	La nueva creación vendrá cuando Cristo venga de nuevo y dé comienzo a la era venidera.	Continuará hasta la gran tribulación, cuando el Anticristo prevalecerá por un tiempo. En su segunda venida, Cristo triunfará y dará comienzo a la salvación final de los fieles.
PUNTO DE VISTA HISTORICISTA	El milenio es el reinado espiritual presente de Cristo en la vida de su pueblo.	La nueva creación vendrá con Cristo en su segunda venida, pero hay una sensación real de que ya ha llegado al corazón del creyente. Los cristianos viven ahora como ciudadanos de la nueva Jerusalén.	Está sucediendo ahora y, finalmente, se completará cuando Cristo regrese.
PUNTO DE VISTA IDEALISTA	El milenio es el reinado espiritual presente de Cristo en la vida de su pueblo.	La nueva creación es algo que Dios hace continuamente con cada nuevo día. Sin embargo, llegará un día en que Cristo regresará personalmente y hará nuevas todas las cosas.	Es lo que Dios siempre ha estado haciendo en el mundo: buscar y salvar a los perdidos. Cristo arreglará todas las cosas cuando regrese.
PUNTO DE VISTA PRETERISTA	En el preterismo parcial, el milenio puede ser el reinado literal de Cristo en la tierra o un reinado espiritual. En el preterismo pleno, el milenio es el regreso y reinado espiritual de Cristo, el cual comienza en el primer siglo.	La nueva creación es ahora y es futura. Desde la destrucción de la antigua Jerusalén, los cristianos han estado construyendo la nueva Jerusalén dondequiera que se crea en el evangelio, así como han estado esperándola en su totalidad cuando Cristo regrese.	Continuará a medida que el Evangelio crezca y se extienda por todo el mundo. Jesús finalizará y renovará todas las cosas cuando venga.

PUNTOS DE VISTA DEL MILENIO

Apocalipsis 20, la única referencia directa de la Biblia a un reinado de Cristo con duración de mil años es una de las secciones más controvertidas de la Biblia. Hay tres puntos de vista básicos: premilenialismo, amilenialismo y postmilenialismo, los cuales ayudan a categorizar las diferentes interpretaciones.

- **El premilenialismo** sostiene que Cristo regresará antes del milenio. Jesús gobernará el mundo e iniciará una era de paz y seguridad. Hay dos tipos de premilenialismo: el premilenialismo histórico y el premilenialismo dispensacional.
    - *El premilenialismo histórico* es la creencia de que Cristo regresará al final de la gran tribulación. Ese tiempo de tribulación puede durar siete años, o «siete» puede referirse simbólicamente a la completitud de esa tribulación. La iglesia pasará por ese tiempo de dificultad, pero resistirá para recibir a Cristo cuando venga.
    - *El premilenialismo dispensacional* es la creencia de que la iglesia no padecerá la gran tribulación. Cristo se llevará a la iglesia antes de ese tiempo, o en algún momento antes de las peores experiencias de la tribulación.
- **El amilenialismo** es la creencia de que el milenio no es literalmente de mil años, sino que se refiere al período que ahora está en progreso, en el que el evangelio se extiende por todo el mundo y Cristo gobierna a la derecha de Dios el Padre.
- **El postmilenialismo** es la creencia de que habrá un período de gran paz y seguridad cuando el evangelio se haya extendido por todo el mundo y Cristo reine espiritualmente, por medio de su pueblo. Después de ese tiempo de más o menos mil años, Cristo regresará para poner fin a la historia.

1 LOS SIETE MENSAJES A LAS IGLESIAS
APOCALIPSIS 1:1–3:22

Introducción (1:1-8)
Bendición
La visión de Cristo

Mensajes a las iglesias

1. ÉFESO
Alabanza: Arduo trabajo, perseverancia
Crítica: Olvidó su primer amor
Exhortación: Arrepiéntete
Recompensa: Autoridad para comer del árbol de la vida

2. ESMIRNA
Alabanza: ¡Eres rico!
Crítica: Ninguna
Exhortación: Sé fiel
Recompensa: La segunda muerte no le hará daño

3. PÉRGAMO
Alabanza: Permaneció fiel
Crítica: Idolatría e inmoralidad sexual
Exhortación: Arrepiéntete
Recompensa: Una piedra blanca con un nombre nuevo

4. TIATIRA
Alabanza: Obras, amor, fe y perseverancia
Crítica: Idolatría e inmoralidad sexual
Exhortación: «Retengan con firmeza lo que tienen hasta que yo venga»
Recompensa: La estrella de la mañana.

5. SARDIS
Alabanza: Ninguna
Crítica: «Estás muerto»
Exhortación: ¡Despierta!
Recompensa: Se les vestirá de blanco y sus nombres no se borrarán nunca del libro de la vida

6. FILADELFIA
Alabanza: Obras y fidelidad
Crítica: Ninguna
Exhortación: Aférrate a lo que tienes
Recompensa: Llegarán a ser columnas en el templo

7. LAODICEA
Alabanza: Ninguna
Crítica: Eres tibia
Exhortación: Sé diligente y arrepiéntete
Recompensa: Se sentarán con Cristo

2 LOS SIETE SELLOS
APOCALIPSIS 4:1–8:5

Interludio
Visión del cielo (4:1-11)
Pergamino con siete sellos y el Cordero (5:1-14)

Apertura de los sellos (6:1–8:5)

1. EL PRIMER SELLO
Caballo blanco — Vencedor

2. EL SEGUNDO SELLO
Caballo rojo — No hay paz

3. EL TERCER SELLO
Caballo negro — Hambruna

4. EL CUARTO SELLO
Caballo verde pálido — Muerte

5. EL QUINTO SELLO
Mártires debajo del altar

6. EL SEXTO SELLO
Terremoto, sol oscuro

Interludio
144.000 sellados (7:1-8)
La gran multitud (7:9-17)

7. EL SÉPTIMO SELLO
Contiene siete ángeles con trompetas (8:1-2)
El ángel con recipiente de oro para quemar incienso (8:3-5)

3 LAS SIETE TROMPETAS
APOCALIPSIS 8:6–11:19

1. LA PRIMERA TROMPETA
Granizo, fuego, sangre, se incendia una tercera parte de la tierra

2. LA SEGUNDA TROMPETA
Una montaña de fuego cae en el mar; una tercera parte del mar se convierte en sangre

3. LA TERCERA TROMPETA
Una estrella cae en la tercera parte de los ríos

4. LA CUARTA TROMPETA
La tercera parte del sol, la tercera parte de la luna y la tercera parte de las estrellas se oscurecen

Interludio: ¡Terror, terror, terror! (8:13)

5. LA QUINTA TROMPETA
Langostas demoníacas del abismo.

6. LA SEXTA TROMPETA
Doscientos millones de jinetes demoníacos del Éufrates

Interludio

El pequeño rollo: promesa para la iglesia (10:1-11)
Los dos testigos (11:1-14)

7. LA SÉPTIMA TROMPETA
«Ahora el mundo ya es el reino de nuestro Señor» (11:15).

4 LAS SIETE HISTORIAS SIMBÓLICAS

APOCALIPSIS 12:1–14:20

1. LA HISTORIA DEL DRAGÓN (12:7-12)

Derrotado
La «serpiente antigua»

2. LA HISTORIA DE LA MUJER (12:13-17)

El dragón la persigue
Dios la defiende

3. LA BESTIA QUE SALE DEL MAR (13:1-10)

Diez cuernos y siete cabezas
Blasfemadora
Tiene poder para hacer la guerra

4. LA BESTIA QUE SALE DE LA TIERRA (13:11-18)

Dos cuernos
Engañadora
666: el número de la bestia

5. LOS 144.000 (14:1-5)

Marcados con el nombre de Dios
Adoradores

6. LOS ANUNCIADORES ANGELICALES (14:6-13)

Primer ángel: «Teman a Dios»
Segundo ángel: «Babilonia ha caído —cayó esa gran ciudad—»
Tercer ángel: Advertencia contra la marca de la bestia

7. LA COSECHA (14:14–20)

5 LAS SIETE COPAS
APOCALIPSIS 15:1–16:21

El envío de los siete ángeles con las últimas siete plagas (15:1-8)

Las siete copas (16:1-21)

1. LA PRIMERA COPA
Llagas malignas

2. LA SEGUNDA COPA
Convierte el mar en sangre

3. LA TERCERA COPA
Convierte los ríos y manantiales en sangre

4. LA CUARTA COPA
El sol quema a la gente con fuego

5. LA QUINTA COPA
Sumerge el reino de la bestia en la oscuridad

6. LA SEXTA COPA
Seca el Éufrates; Armagedón

7. LA SÉPTIMA COPA
Juicio contra Babilonia. «¡Todo ha terminado!».

6 LOS SIETE MENSAJES DE JUICIO
APOCALIPSIS 17:1–19:10

Juicio contra Babilonia (17:1-6)

1. **EL PRIMER MENSAJE ANGELICAL (17:7-18)**
   Explicación de la visión

2. **EL SEGUNDO MENSAJE ANGELICAL (18:1-3)**
   Anuncio de la caída de Babilonia

3. **EL TERCER MENSAJE ANGELICAL (18:4-8)**
   Llamado al pueblo de Dios; el juicio de Dios sobre Babilonia

4. **EL CUARTO MENSAJE ANGELICAL (18:9-10)**
   Lamento por la caída de Babilonia por parte de los reyes de la tierra

5. **EL QUINTO MENSAJE ANGELICAL (18:11-17)**
   Lamento por la caída de Babilonia por parte de los comerciantes de la tierra

6. **EL SEXTO MENSAJE ANGELICAL (18:18-19)**
   Lamento por la caída de Babilonia por parte de los marineros
   Regocijo por el juicio de Dios (18:20)

7. **EL SÉPTIMO MENSAJE ANGELICAL (18:21-24)**
   Anuncio de la destrucción definitiva de Babilonia

Interludio

Regocijo por la muerte de Babilonia (19:1-5)
La novia de Cristo (19:6-10)

7 LAS SIETE VISIONES

APOCALIPSIS 19:11–22:5

1. LA PRIMERA VISIÓN (19:11-16)
El cielo se abre y aparece el jinete del caballo blanco

2. LA SEGUNDA VISIÓN (19:17-18)
El ángel invita a las aves al «gran banquete que Dios ha preparado»

3. LA TERCERA VISIÓN (19:19-21)
La bestia y los reyes listos para la guerra

4. LA CUARTA VISIÓN (20:1-3)
Los mil años (el milenio)

5. LA QUINTA VISIÓN (20:4-10)
Tronos con jueces, y el juicio final de Satanás

6. LA SEXTA VISIÓN (20:11-15)
El juicio de los muertos

7. LA SÉPTIMA VISIÓN (21:1–22:5)
La visión de «un cielo nuevo y una tierra nueva»

Epílogo (22:6-21)

Jesús regresará: «¡Amén! ¡Ven, Señor Jesús!».

FOTOS E ILUSTRACIONES

Imágenes usadas bajo licencia de Shutterstock.com: Nils Prause, portada; muratart, portada; Gaman Mihai-Radu, portada; ronstik, portada, pág. 12; Andrés Sonne, págs. 5, 69, 131; Marcin Krzyzak, pág. 15; Cortyn, pág. 22; dinosmichail, págs. 29 y 91; Yasonya, pág. 31; Oleksii Liebiediev, pág. 34; Ben Photo, pág. 37; mythja, pág. 43; Dogusoz, pág. 44; Liliya Butenko, pág. 47; Nataliya Nazarova, pág. 49; Stefan Holm, pág. 52; Lefteris Papaulakis, pág. 54; Marco Ramerini, págs. 59 y 111; BRAIN2HANDS, pág. 62; Viliam.M, pág. 65; Santiago el Justo en la Iglesia de la Santísima Trinidad, Corfú, Grecia, foto de Storm Is Me, pág. 73; Rafal Redelowski, pág. 74; Renata Sedmakova: San Juan Evangelista del mosaico de la Inmaculada Concepción en Pfarrkirche Kaisermuhlen, Viena, Austria, pág. 80, fresco de San Juan Evangelista en la Catedral de San Giovanni Battista, Turín, Italia, pág. 101, fresco de San Marcos en la Basílica de Rosenkranz, Berlín, Alemania, pág. 103, estatua del apóstol Pablo, París, Francia, pág. 102, fresco de Jesús entregándole las llaves a Pedro en la Iglesia de Santa María de Transpontina y capilla de San Pedro y San Pablo, Roma, Italia, pág. 104; LifeCollectionPhotography, pág. 85; irena iris szewczyk, pág. 87; Zvonimir Atletic, pág. 94, fresco de San Pablo en la casa de Priscila y Aquila en la basílica de San Pablo, Roma, Italia, pág. 105, fresco de Pablo y Silas azotados, Roma, Italia, pág. 107; Mazur Travel, págs. 96 y 97; Santiago en vitral, Panaspics, pág. 106; BearFotos, pág. 114; garanga, pág. 115; Nejdet Duzen, págs. 116 y 124; OPIS Zagreb, pág. 117; cedinsel, pág. 119; AHMETOZER35, pág. 121; Nurten erdal, pág. 122; tomertu, pág. 125; godongphoto, pág. 125; n_defender pág. 126; John Copland, pág. 127 Heiner Weiss, pág. 127; Andriy Kananovych, pág. 128; Vivida Photo PC, pág. 128; Garsya, pág. 133; sondem, pág. 133; Ververidis Vasilis, pág. 134; sebra, pág. 134; Limages Studio, pág. 144; Burdun Iliya, pág. 145; wk1003mike, pág. 146; Francesca Tomba, pág. 147; jessicahyde, pág. 148; Zolnierek, pág. 149; Philip Steury Photography, pág. 150.

Imagen utilizada bajo licencia de iStock: aluxum, pág. 74.

Otras imágenes: Mosaico de Patmos, Wikimedia Commons/Njaker, pág. 9; Andrónico y Junias, Wikimedia Commons/Asia, pág. 92; Aristarco de Tesalónica, Wikimedia Commons/Andrija12345678, pág. 93; Timoteo, Wikimedia Commons/Andreas F. Borchert, pág. 108; rey Eumenes II, Wikimedia Commons/Sailko, pág. 123; mural que representa Apocalipsis 3 en la Catedral de la Inmaculada Concepción, Tepic, México, Wikimedia Commons/Nheyob, pág. 132.

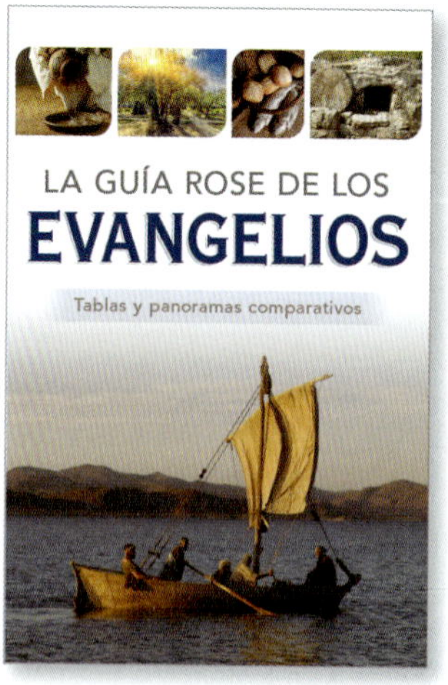

La guía Rose de los Evangelios

Incluye: Información clave acerca de la singularidad de cada Evangelio; una armonía de los Evangelios; quién es quién en los Evangelios; trasfondo del mundo de Jesús; evidencias de la resurrección y más.

ISBN 9781496483713

La guía Rose del Libro de los Hechos

Incluye: Un vistazo del libro de los Hechos; cómo entender el mensaje y el trasfondo de Hechos; la vida del apóstol Pablo; quién es quién en Hechos; cronología y mapas; el Espíritu Santo en las vidas de los cristianos y más.

ISBN 9781496483768

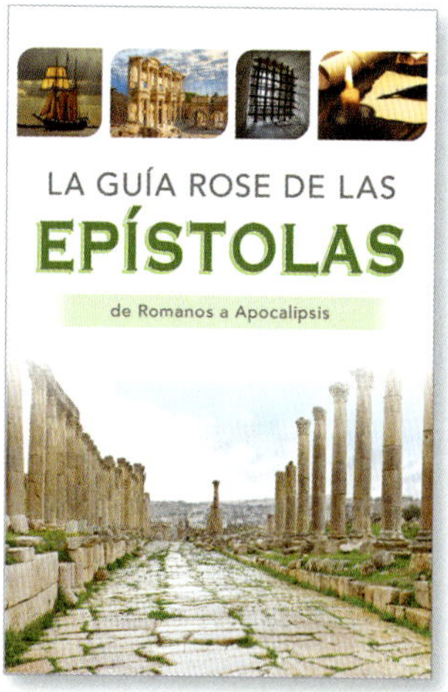

La guía Rose de las Epístolas

Incluye: Un vistazo de las Epístolas; hechos claves de cada Epístola en un vistazo; quién es quién en las Epístolas; las siete iglesias de Apocalipsis; comparación de los puntos de vista en cuanto al libro de Apocalipsis y más.

ISBN 9781496483812

rose-publishing.com